创意美术视域下的学前美术教育发展研究

邱 丽 著

西北工業大學出版社
西 安

【内容简介】 本书的主要内容包括美术教育、幼儿园美术教育、幼儿园创意美术教育的基本依据、幼儿园创意美术教育开展的现状及问题、幼儿园创意美术教育活动的实施建议、幼儿园创意美术教育活动实例指导。

本书可供从事学前美术教育的相关工作和研究的人阅读、参考。

图书在版编目（CIP）数据

创意美术视域下的学前美术教育发展研究 / 邱丽著
. 一 西安：西北工业大学出版社, 2022.2
ISBN 978-7-5612-6901-5

Ⅰ. ①创… Ⅱ. ①邱… Ⅲ. ①学前教育-美术教育-发展-研究-中国 Ⅳ. ①G613.6

中国版本图书馆 CIP 数据核字(2022)第 033419 号

CHUANGYI MEISHU SHIYU XIA DE XUEQIAN MEISHU JIAOYU FAZHAN YANJIU
创意美术视域下的学前美术教育发展研究

责任编辑： 翟文乐　朱晓娟
责任校对： 曹江　　**装帧设计：** 张会丽
出版发行： 西北工业大学出版社
通信地址： 西安市友谊西路 127 号　　**邮编：** 710072
电　　话： (029) 88493844，88491757
网　　址： www.nwpup.com
印 刷 者： 北京市兴怀印刷厂
开　　本： 710 mm×1 000 mm　1/16
印　　张： 12.5
字　　数： 224 千字
版　　次： 2023 年 3 月第 1 版　2023 年 3 月第 1 次印刷
定　　价： 79.00 元

前　言

目前，学前教育是一个非常热门的专业，随着幼儿教育的发展，对学前教育专业的毕业生需求越来越大。如何培养出符合学前教育发展规律的高素质综合人才，成为很多学校培养人才的目标。创意美术是根据幼儿不同年龄段的生长发育特点，以绘画性游戏为载体，设计通过视觉、听觉、触觉和嗅觉等感觉器官，用多样化的材料，使幼儿从感知到运用点、线、面进行构图造型，感受线、形、色的神奇美感，从而开拓幼儿思维，让幼儿的内心世界得到充分的表达。创意美术作为学前教育专业学生美术能力的重要内容，在教学方面如何能够培养学生更好地激发幼儿的创造力和想象力，这是开展学前教育创意美术教学的出发点和落脚点。

近年来，在学前教育的美术教学工作中，创意美术受到重视并被广泛应用，不仅可以培养幼儿的艺术思想、学习兴趣与审美能力，还可以提升学前教育的美术教学工作质量。因此，在学前教育的美术教学工作中，教师应该重视创意美术的教育，遵循科学化的工作原则，在学前教育的美术教学工作中全面渗透，融入创意美术的元素，重点培养学生的创新能力，创造能力与审美能力、提升整体教育工作质量和水平，为学前教育美术教学工作的长远发展与进步提供帮助。

本书共六章，主要内容包括：第一章主要阐述了美术教育的内容；第二章主要阐述了幼儿园美术教育；第三章主要阐述了幼儿园创业美术教育的基本依据；第四章主要阐述了幼儿园创意美术教育开展的现状及问题；第五章主要阐述了幼儿园创意美术教育活动的实施建议；第六章主要阐述了幼儿园创意美术教育活动实例指导。

为了确保研究内容的丰富性和多样性，笔者在创作过程中参考了大量理论与研究文献，在此向其作者表示衷心的感谢。

限于笔者水平的不足，本书难免存在疏漏与不足之处，在此，恳请读者朋友批评指正！

著　者

2021 年 3 月

目　　录

第一章　美术教育……1
第一节　美术教育的本质和特点……1
第二节　美术教育的功能与价值……9
第三节　美术教育的技术手段……21
第二章　幼儿园美术教育……33
第一节　幼儿园美术活动……33
第二节　幼儿园美术活动的设计……38
第三节　幼儿园美术活动实施……42
第三章　幼儿园创意美术教育的基本依据……61
第一节　国家文件精神……61
第二节　幼儿阶段发展理论……70
第三节　多元文化认同理论……77
第四节　创造力培养理论……84
第五节　学习活动主题……89
第四章　幼儿园创意美术教育开展的现状及问题……97
第一节　幼儿园创意美术教育的意义……97
第二节　幼儿园创意美术教育开展的现状……100
第三节　幼儿园创意美术教育存在的问题……108
第四节　幼儿园创意美术教育的基本策略……113
第五章　幼儿园创意美术教育活动的实施建议……126
第一节　课堂管理与激励……126
第二节　美术作品的展示……142

第三节　社区资源的合理利用......146
第四节　博物馆教育......149
第六章　幼儿园创意美术教育活动实例指导......155
第一节　贴近生活，根据幼儿年龄特点设计内容......155
第二节　源于本土，感知民间美术特色与文化......164
第三节　传承经典，走进博物馆与实物面对面......173
第四节　跟随大师，欣赏不同的艺术风格......182
参考文献......192

第一章　美术教育

第一节　美术教育的本质和特点

一、美术教育的含义

美术是人类重要的文化门类之一，它诞生于人类与客观世界的交互、模仿当中，是人类描述事物的基本行为之一。在人类与自然界相互作用的过程当中，美术发挥了重要的作用，它不仅为人类认识世界提供了知识传承的手段，也为人类认识自然提供了科学的手段。

教育是人类文明得以传承和发展的基础，是人类社会最重要的社会活动之一。《美国百科全书》中“教育”篇章中的观点认为，从最广泛的层面来说，教育是社会个体获取知识，形成个人价值观或习得某项技能的过程。《中国大百科全书·教育卷》也对教育进行了定义，认为教育是增进个体知识和技能，并塑造人们思考方式和行为方式的活动。

伴随着美术活动这一独特的人类活动的产生，人类在物质生产资料极度匮乏的情况下，在劳动过程中孕育了影响深远的美术教育，推动了人类文明的发展和进步。从一定意义上来说，美术教育结合了人类特有的社会活动和智力活动，是人类在认识和改造世界过程中产生的具有文明进步价值的活动。美术教育是人类最早的社会性活动之一，它将美术活动和教育活动结合在一起，随着美术教育的发展和人类美术活动的不断延伸，美术对人类文明的发展起到了非常重要的推动作用，并且在其漫长的发展历史中始终保持着旺盛的发展活力。

美术教育是智力活动的产物，在人类文明发展和进步的过程当中，人类不断从人类的美术活动和教育活动中吸取新的影响，以独特的方式一代代传承，与社会发展构成了良好的双向互动。美术教育是一种培养人的，具有多层次、多侧面的社会文化现象，是人类传播美术思想、美术历史、美术知识和美术技能技巧的必然产物，也是人们传授艺术审美经验、造型技能和启迪智慧的手段。美术的产生适应了人们满足内心情感需求和审美体验的需求，美术教育则保证了这种审美满足和情感满足能够得到延续。随着人类物质文明的不断进步，美术教育也逐渐发展完善起来。美术教育以独特的方式对人类文明的发展和进步产生积极影响，尤其是它对人类精神需求的满足，对人类文明的发展和进步具有非常重要的作用。

美术教育作为一个内涵层次丰富、外延边界宽泛的专业术语，分为广义和狭义两个层面。从广义上来说，美术教育泛指各种培养美术素养和美术技能的活动，比如，我们去美术馆参观，参观各种美术展都属于广泛意义上的美术教育。狭义的美术教育范围则要小很多，是指培养专门的美术人才的教育，也专指各级学校的美术专业教育，主要以传授美术技巧和审美为主。美术教育作为一种特殊的人类活动，历史久远，对美术教育的含义的认识和解读必须结合时代特征来进行。

二、美术教育的本质

美术教育作为一独特的社会活动和文化现象，其发展和完善与人类文明的进步有着天然的联系。从这个层面来说，美术教育的发展适应了不断变化的社会需求和文明进步需求，并以其独特的教育功能为社会和文明的发展服务。因此，深刻的认识和理解美术教育的本质，明确美术教育的社会意义和文化意义，在研究美术和美术教育上具有重要的意义。

美术教育的形式有多种多样。例如，爸爸带儿子欣赏建筑，妈妈教女儿辨认色彩，幼儿园老师指导孩子折纸，中小学教师给学生上绘画和手工课，电视台给儿童播放动画片，少年宫组织儿童画大赛，学校安排学生参观美术展览，艺术家给大学生讲授美术史，师范院校培养美术师资，美术院校训练、培养美术工作者，退休老人挥笔研习书画，室内外环境、广告、装饰给人的艺术感染，等等，这些都是美术教育现象。人们对这些现象在头脑中加以分析、抽象、综合、概括，开始认识到美术教育是教育者有目的地运用美术手段，概括、感染、培养受教育者的一项工作。

上述活动是美术教育活动的基本类型，体现了美术教育者与美术学习者之间的相互关系，并揭示了美术教育的基本规律和美术教育的主要目的，从而使得我们能够将不同的美术教育行为与其他学科或者技能的教育区分开。从广义概念上来理解美术教育，它不仅包括学校的美术教育，还包括家庭以及社会环境中的美术教育。如果我们仅结合学校美术教育的特点，可以对美术教育进行更为深入的认识，比如，在学校美术教育视野下对美术教育的规律性、目的性、组织性、计划性以及其他教育性质进行分析。

美术教育工作实质上是通过对受教育者的美术素养和审美品位进行挖掘，促进学生全面发展的一项教育工作。

三、美术教育的特点

（一）差异性

在美术教育活动当中，差异性是一个非常值得研究的活动特点。美术教育的差异性，源于学生在接受美术教育与学习过程当中对美术技能和审美经验学习能力上的差异。社会个体无论是在生理上还是在心理上都存在巨大的差异，不同的社会个体在同一项学习活动当中的表现会有很大的差异。在美术教育活动中，美术教育工作者要尊重个体之间学习差异的客观存在，针对不同的学习个体制定不同的教育目标。从马克思主义哲学来说，差异与同质是相对而言的，在美术教育中我们既要看到个体间的差异，也要注重寻找不同个体在美术学习的同质性，积极总结与探索美术教育的规律。

艺术作品是人的审美品位和价值取向的物质载体，不同的创作主体在艺术创作过程中会结合自身的感悟和经历，表现出很强烈的主观创作意图。在美术教育过程当中，教师要善于发展学生在不同领域展现出的美术天赋，积极引导学生朝着正确的方向发展。

对于知觉是被动地接受还是主动去组织实现这一问题，世界各国的学者进行了长时间的讨论和研究。美国著名心理学家詹姆斯·吉布森（James Jerome）认为，人的视觉是一种生理反射，只能被动接受并处理图像信息，不需要进行解释或者推论。绘画中的信息可以点对点地与非绘画世界相对应，视知觉（visual perception）基本上是客观的。心理学家 M. H. 萨格尔写道："一般的观察者天真地设想世界就是他看见的样子，他只是不加选择地接受视觉现象。他从未认识到他的视知觉是受到间接参照系统调节的。实际上，这种态度的一个重要方面是观察者假设所有其他观察者的感知状态与他一样，如果他们的反应不同，只是因为一些反常的意愿而非因为他们按不同的知觉内容行动。"[①]很多心理学家对此持不同意见，视觉带有一定的"自我逻辑"，在我们浏览或者观看某些图像信息的时候，视觉系统会根据以往的观察经验对呈现在大脑中的视觉对象进行自我修复，比如，格式塔心理学派和构成派理论都持这一观点。

[①][美]伊莱恩·皮尔·科汉，[美]鲁斯·施特劳斯·盖纳著；尹少淳译.美术：另一种学习的语言[M].长沙：湖南美术出版社，1993：89.

事实上，在日常生活当中很多实例也证明视觉具有一定的主观因素，比如：将一段文字的顺序打乱，并不会影响我们正常阅读和理解文字的含义；儿童常将自己的父母看得比别人高大；等等。

既然视觉知觉与主观因素具有一定的关联，因此带有不同主观要素的个体在视觉认知和视觉理解上就会存在很大的差异，这种差异既可以是创作风格的差异，也可以是创作技巧的不同。此外，学生的个人气质也会对美术学习产生影响。研究发现，不同气质和性格的学生在美术学习上存在着巨大差异。在心理学上，心理学家对人气质和性格的研究已经有很长的历史，我们在日常生活当中更是可以观察到不同性格和气质的人。在美术学习和创作上，有些学生擅长写实风格的表现，有些学生则对主观意向的表现更加擅长；有些学生画风细腻，表现手法柔和，有些则大开大合，气势洒脱。在美术教育当中，教师要充分认识与发掘学生个体间的差异，引导学生充分发挥自己的优势。

在美术学习中，每个学习者都有自身的学习特点和创作特点，在艺术表现和艺术风格上也各有所长。人们对艺术的包容性使得不同的创作者有了展示个人艺术魅力的舞台，这些创作者也为我们的生活提供了更为丰富的色彩。美术教育要尊重个性与差别，呵护创作个性的成长与发展，为学习者提供更多展示自己艺术风格和艺术魅力的机会。教师作为学习者美术学习的引路人，不仅要充分尊重学生个性的存在，还要尊重美术教育的客观规律，帮助和引导学生美术创作技巧和审美品位的提升，呵护学生艺术个性的成长，使学生都最大限度展示和发展自己的艺术天赋。艾斯纳指出，理性和逻辑在艺术创作中不能完美的对作品进行诠释，况且任何一个艺术问题都没有标准答案，学习者和创作者会根据自己的理解对其进行充满主观色彩的解读。[①]所以，在教学评价方面，对教学效果进行评估时，要充分考虑学生的美术素养发展水平，从客观性和主观性两个方面对教学效果进行综合评估。比如，在对学生进行教学效果检测时，既要对学生基本创作技术进行考量，也要从心理、审美和艺术趣味等方面对学生的作品进行评价，从而更加全面地对学生美术能力进行衡量。

（二）情感性

所谓情感，即人类对客观事物的态度和体验，或者是人在意识中对客观事物的主观评价。情感是人类的心理限定，具有很强的主观性和普遍性，

[①][德]恩斯特·卡西尔著；甘阳译.人论[M].上海：上海译文出版社，1985：189.

没有情感的社会个体是不存在的。

美术教育的特点和本质使其承载着很强的情感传递功能，这种情感功能不仅仅表现在作品创作过程中的情感加工和情感宣泄上，还体现在欣赏者在观看美术作品时的情感冲击和精神净化上。人类宣泄情感和净化精神的方式有很多，但是美术创作和欣赏作为一种既能获得审美体验又能获取实现情感互动的实现方式，历来被人们所重视。

一个创作者的美术活动与其日常生活与和个人的情感经历有着非常密切的联系。创作者只有不断从日常生活中获得情感体验，才能激发创作灵感，让自己的作品更加生动、更加鲜活。在创作过程中创作者可以将自己的情感寄托在作品当中，让欣赏者去感受和体验自己创作的意图和心境，对于创作者来说是极大的情感满足。对于创作者来说，学会在日常生活中发现创作灵感，升华自己的创作情感是一种普遍的艺术创作体验。

需要说明的是，美术教育的目的除了保证情绪和艺术情感得到抒发，还要清醒地认识到普通情绪发泄与艺术创作之间的关系。之所以有情感、情绪发泄与艺术创作之间的关系，是因为艺术创作的情感体验不仅可以宣泄情感还可以舒缓情绪、净化精神世界，这与普通的情感宣泄有非常大的不同。

所谓的净化就是让创作者和欣赏者能够从作品中得到情感升华，而不是简单地通过虚拟环境对情绪进行抚慰。亚里士多德在其净化说中讲到，净化就是通过“形式化”正确无害地释放、净化人们内心的过分强烈的情绪，使灵魂获得一种新的情感态度。此外，现代哲学家卡西尔，则从积极的方面来阐释“净化”。他说道：“审美的自由并不是不要情感，不是斯多葛式的漠然，而恰恰相反，它意味着我们的情感生活达到了它的最大强度，而正是在这样的强度中它改变了它的形式。因为在这里我们不再生活在事物的直接的实在之中，而是生活在纯粹的感性形式的世界中。在这个世界里，我们所有的感情在本质和特征上都经历了某种质变过程。情感本身解除了它们的物质重负，我们感受到的是它们的形式和它们的生命而不是它们带来的精神重负。”①

合理的情感释放能够调节人的心理问题，促进身体健康，美术为人们的情感注入了强劲的精神动力。施教者应该在美术教育中让受教育者学会合理地宣泄与释放情感，在此基础之上逐步培养学习者通过美术净化心灵和情感的能力。在美术作品中如果只有情感的宣泄，势必会造成作品情感

①[德]恩斯特·卡西尔著；甘阳译.人论[M].上海：上海译文出版社，1985：189.

基础和文化底蕴的不足，作品也难以得到更久远的流传。情感宣泄是作品冲击力的来源，如果没有合理的情感宣泄也难以完成情感的升华，美术教育的情感净化目的也就无法达成。

（三）自由和引导性

美术教育作为一种基础性的教育活动，具有一般教育活动的基本特点，需要美术教育工作者按照既定的教育目标和教学规律来引导受教育者的发展。美术教育作为一种以技巧为手段，以画面为呈现方式的特殊教育形式，必须有其独特的教育规律：美术教育需要自由的教育环境，无论是施教者还是受教育者都要保持愉悦的精神状态，在和谐的教育氛围中实现教育目的，达成教育目标。

1. 自由性

美术教育的独特性之一就是保证教育和创作的自由性，教师和学生通过艺术品和艺术行为，进行艺术交流和情感交流。在美术教育中，教育者要为学习者提供充分的自由。

（1）教师的自由性。美术教育与其他学科的人才培养不同，理性化的教学手段并不能帮助美术教育培养更多的人才，美术教育必须尊重自身独特的教育规律。学生的情感、思想和生活经历有非常大的差别，在美术教育中，教师要根据学生的性格特质、生活经历和艺术天赋的差别对其进行不同的教育，保证教师和学生的自由性，引导学生找到适合自身发展的艺术风格。因此，美术教师在教学过程中的教学行为和艺术引导行为都要建立在学生自由展示的基础之上，不能刻板地对学生进行创作技巧和艺术审美教育，更不能将自己的艺术观点和审美品位强加给学生。美术教师不仅仅是艺术的传播者，同时也是艺术的创作者，美术教育如同一门艺术一样，教师应该在尊重美术教育客观规律的基础上，对学生的内心世界和审美情感进行塑造，引导他们艺术观的发展。

（2）学生的自由性。学生在美术教育工作中处于相对被动的位置，教师虽然在充分尊重学生个性的基础上开展美术教学，但是学生必须学会尊重他人的学习风格和创作风格。学生在教师的引导中，要结合自己的教育经历、审美倾向和情感体验确定适合自己发展的艺术风格和艺术路线。只有尊重学生的美术学习的自由性，才能更好地创作具有独特艺术风格的作品，才能不断推动美术人才的培养，为我国精神文明建设和文化进步做出贡献。

（3）精神自由状态的教育。协调和自由的美术教育，是在尊重美术教育规律的基础上，中和思想和道德教育的严肃和智力教育的理性，依靠艺术和作品本身的魅力吸引学生，引导学生不断向着更高的层次发展。在美术教育中，无论教师还是学生都必须抛弃个人的私欲，将自己的情感和精力集中在美术作品的艺术观点和审美体验当中。可以说，美术教育与审美获得精神愉悦相伴相随，凝聚了教师和学生在美术教育过程当中共同的精神享受，促使着学生主动去接受美术知识，升华艺术情感。在对审美观照进行描述时，席勒就充分肯定并褒扬了这种自由性。他说道："在美的交往范围之内，即在审美意义上来说，人与人只能作为形象彼此相见，人与人只能作为自由游戏的对象相互对立。通过自由给予自由是这个国家的基本法则。"[①]

2. 引导性

美术教育的引导性要求美术教育要与一般的学科教育一样按照教育规律对受教育者进行引导。教育本身的引导性使美术教育也具有相同的特性，因此在教学过程当中，美术教师要区分美术教育与艺术欣赏的区别，对学生的发展进行合理的引导。

学生想要在美术学习过程当中学习美术知识、习得绘画技巧、提升审美素养，必须尊重美术教育的客观规律，在教师的科学引导下才能实现。尊重教育规律，保证美术教育引导作用的实现，不仅是实现美术教育目的的基本要求，也是培养学生综合美术素养的必然选择。美术教育具有实践性，学生必须掌握美术创作的基本规律和技巧，才能在美术创作中不断提升和突破。

美术教育的自由性与引导性是相互作用、相辅相成的，二者共同作用促进了美术教育目标的实现。如果缺少引导，只强调美术教育的自由性，会使美术教育逐渐陷入混乱当中，无法达到预期的教育目标，美术教育的育人功能也无法实现。同样，如果在美术教育过程中我们将重点放在对学生的引导上，就会限制学生美术兴趣的发展和艺术潜力的挖掘，也难以达到理想的教育效果。因此，在美术教育当中，教师要深刻认识和理解自由性与引导性的相互关系，在教学实践中根据教学环境、学生特点和教学目

[①][德]弗里德里希·席勒著；冯至译.审美教育书简[M].北京：北京大学出版社，1985：151-152.

标，合理调控教育过程的自由性与引导性，最大限度保证教育过程的合理性和教育成果的有效性。

（四）经验性

在大多数的学科教学中，学生需要在教学规律的指导下对既定的教学内容和知识体系进行学习，美术教育则更注重学生对艺术的主观体验。在特定的环境和在大多数学科中，学生面对的主要是概念、文字、公式和其他符号构成的规律性知识体系，美术则不然，它更加注重经验和主观感受。美术教育中，学生需要直接处于特定的环境或某种艺术气氛中，亲自去体悟和感受，然后再进行学习和创作。在美术学习中，学生的学习之源是对生活的实际感受。

美术教育基本上是在经验层次中进行的，学生要直接接触对象的感觉特征（如形状、质材、光色、甚至气味和温度），并获得对形式原理（如多样统一、对称、均衡、韵律、反复、节奏、渐变等）的理解，进而还要获得对意蕴的理解，最后再通过一定的方法或某种媒体，在美术作品中合理地表达出自己对世界的情感和认识，这样才算完成创作的任务。由于这个过程的繁复性，学生会涉及创作技巧的问题，而技巧的训练是一个需要递进积累经验的过程。这要求我们在教学过程中，将学生的感知充分打开，使他们的画笔动起来，才能培养出高素质的美术人才。

（五）超越性

在美术教育中，教师培养学生的审美态度要具有一种超越性。通常，人在看到一件事物的时候，总是看到它的实用性的一面，当然，人们本身也无法丢弃自己欲望的一面。然而，教育媒介的审美特征与美术教育的活动却能够使教师和学生抛开实用功利的考虑，进而培养出纯净的审美态度。正如当代教育家蔡元培所说："马牛，人之所利用者，而戴嵩所画之牛，韩干所画之马，决无对之而作服乘之想者。狮虎，人之所畏也，而卢沟桥之石狮，神虎桥之石虎，决无对之而生搏噬之恐者。植物之花，所以成实也，而吾人赏花，决非作果实可食之想。善歌之鸟，恒非食品，灿烂之蛇，多含毒液。而以审美之观念对之，其价值自若。"①

瑞士美学家布洛提出了"距离说"，他认为和实用功利拉开一定距离才能产生审美态度。根据布洛的观点，人们在审美活动中要尽量做到以物观

①高平叔编.蔡元培教育文选[M].北京：人民教育出版社，1980：31.

物，尽量摆脱平时对事物的看待方式，尽量摆脱实际生活中对利害的考虑，即保持一种由“摆脱”造成的人与实际事物及其利害的“距离”。美术教育的超越性实际上就是将实用的物我关系巧妙地转变为人为的欣赏，即所谓的“超然物表”“潇洒出尘”。历史上最伟大的艺术品有些正是出自内向感情型，因为这一型能把感情价值赋予超越的理想，如自由、神、不朽等，才能表现这些理想。

现代著名美学家宗白华深刻而精辟地阐释了艺术的超越性，即“空灵”二字。他说，艺术要达到“空灵”的境界首先要保持精神的萧条淡泊，只要能做到觉心空明，便赋予了万物以灵气，使其所呈现的状态显示出生命力来，进而产生出超凡脱俗的美感体验。美术教育对审美态度的培养源于美术的超越性。所以，在美术教育中，教师要用适当的方法引导学生“摆脱”科学认识和实用功利的审美态度，懂得以物观物，培养学生的内涵和不媚俗的态度，进而达到“空灵”的审美境界。

当然，美术教育的超越性本身并不是我们进行教育的目的，美术教育的最终目的是落实到功利。但是，这种功利并不是前面所说的物质功利，而指的是人生的大功利，这个意义上的功利既包括培养学生看待人生的达观态度、豪杰精神和普遍性深情等方面，又包括培养学生在社会伦理层次上的审美情怀和民主素质。

第二节　美术教育的功能与价值

一、美术教育的功能

（一）美术教育的审美功能

美术教育的审美功能，它是美术教育的一项基本功能，即通过审美观照满足审美需要而引起的审美快乐的功能。通过审美观照可以培育并提高审美能力、感受和体验审美快乐。审美快乐即超越性快乐、自由性快乐，可以陶冶、塑造、提升人生境界，走向不断超越实利意识而逐步取得自由的审美境界，从而完善人性和文化心理结构，使之自由、和谐、全面发展。审美可以开启理想性思维模式。在理性重视生命质量、自然资源的保护的时期，审美教育的价值也越来越引人注意。审美关系到体态、动作、行为、举止的自由和谐，有助于自身自由均衡、富有活力的健康的发展。

审美能力的发展离不开美术教育，审美能力的提高和培养是美术教育的直接性结果。通过审美境界的塑造使受教育者对美术的形式意味有了更加丰富的领悟和感受，在心灵的震荡和洗礼中培养起审美的人生态度，并最终落实为受教育者性情的陶冶和人性的建构。美术教育还可以使受教育者在审美经验发展的基础上，把感性的冲动、欲望、情绪纳入审美的形式之中，接受理性的规范、引导、净化，从而得到控制、调节，把它进一步引向审美境界，使受教育者完成自觉的审美境界的塑造。

1. 塑造审美境界

从本质来说，审美境界是指个体通过美术教育自觉进行心性、性情的自我锻炼、陶冶、培养和提高，达到、形成超越的自由境界。审美境界是一个综合结构体，是审美心理结构多样化组合方式的表现形态。在审美心理结构中，渗透交融的因素有审美观念、审美理想、审美趣味等审美意识的因素，也有科学、道德等因素的渗透，甚至还包括政治、经济、文化等因素的影响。因此，审美境界是多种因素交融渗透的结果。

审美境界是在美术教育活动中自由自觉地形成的。

（1）感性愉悦的审美境界。这种审美境界包含有较强的生理快感因素，但又不是单纯的感官愉快，而是渗透着理解和想象，是多种心理功能共同活动的结果，它仍然是一种自由感。这是偏重于感性能力对美术的样式、形式、结构、节奏的直观感受的审美境界，在这种审美境界中，往往不需要对对象内容的深入领悟就获得愉快。它的特点是强调感官知觉而生愉快。

美术教育培养对现实功利的超越能力，使得受教育者在观照艺术时，能够超脱作为动物性的反应的一般生理快感，去自由感受形式、色彩、声音的更新、变化。这样，就要在审美操作活动中，注重形式的组合规律、物质材料的情感性质等方面的教育，使受教育者的心理机能得到协调发展，培养起一种超越现实功利的审美态度。

（2）领悟愉快的审美境界。在美术教育中，培养和锻炼了受教育者的理解、想象等心理功能，使之能够在有限的形式中领悟到无限的本质内容，引起深刻而丰富的审美感受。领悟愉快的审美境界，就侧重于审美对象蕴涵的内容意味的领悟和品味，从而产生一种精神愉悦。

在这种审美感受中，活跃着的形象受到理解的规范和限定；理解着的逻辑依存于想象的联系、推移和转换，趋向于感知，感性和理性相互渗透、和谐活动，受教育者获得超出日常生活意识的审美态度、人生态度。

（3）精神愉悦的审美境界。“这种审美境界包括两个相互联系的环节，一个环节是伦理情感与哲理思索的交融而形成的道德精神的高扬、奋进；一个环节是超道德本体的人与自然的交融。前者即所谓‘悦志’，后者即所谓‘悦神’”。[①]因此，精神愉悦的审美境界，也叫悦志悦神的审美境界。

美术教育在意象的形式中包含的文化知识内容、哲理内容、思想道德内容，是受教育者形成道德精神高扬、奋进的重要条件，无论是美术媒介中的波澜壮阔的斗争、英雄的业绩，还是平凡中的伟大，都会使受教育者获得奋发向上之情，在情感的激荡中摆脱和克服那些消极的心理，在精神力量的高扬中获得情感的满足和喜悦。在主体精神高扬的基础上，走向人与个体、自然与社会的和谐交融，使受教育者彻底超脱功利意识，在审美中投入大自然，与自然合为一体，在这感性的时空中求得伦理精神的超越和不朽。

无论哪一层面的审美境界的塑造，都离不开个体的自觉性努力，离不开受教育者以自己独特艺术和人生体验对美术媒介的感受。不同人的文化知识、生活经验、气质禀赋是各不相同的，审美境界的形成过程必然打上个体努力的烙印。这就需要受教育者的主动追求、不懈努力，把审美经验转为内在的心灵生活，转为审美态度和审美需要，化作自我价值的一部分，以实现个人的全面和谐发展。总之，审美境界达成的标志，是受教育者形成或出现对功利超越的一种自由态度。审美境界的形成是受教育者对审美对象进行自由观照和把握的结果，又是获得更加深刻的审美感受，提高对对象的自由把握能力。它使受教育者不仅能够观照和应对，而且能够创造和表现，超脱功利的强制性而走向自由，把它转换为改造社会和自然的物质活动，对人类社会实践发生深远的影响。

2．培养审美能力

审美能力就是对形式的感受体验能力。美术作为视觉形式和视觉审美形式的艺术，它紧紧依靠形式而存在，其内容见之于形式的内容。

（1）培养审美的敏感能力。审美的敏感能力是对形式的情感意味的直觉把握能力，它的存在根据是情感的社会性和自由性，能够把对象作为情感的对象来知觉和把握。它的形成具有先天的生理因素，某种先天的性格、气质，某些方面感觉的特别灵敏或迟钝，都会影响到对象的情感把握能力。

美术教育首先要有计划、有目的地培养受教育者对对象的敏感能力。这种能力是提高受教育者生活质量和生存层次的必要条件，能够对其整体

[①]杨恩寰主编.审美教育学[M].沈阳：辽宁大学出版社，1987：378.

的人生观念和行为方式发生重大影响。

（2）培养对现实功利的超越。美术作品处于非实用状态，具有“虚幻”的性质，它使受教育者在接受时始终和实际利害拉开一定距离，培养其超越生理感受的、对形式的感知能力。从生物进化序列看，生物越是进化，其感觉就越是开放，所开拓出的属于自己的世界就越大，越能够超出肉体的需要而触及非实用的事物，从而感知到没有实际功利的东西。只有拥有完善的理性和发达的、全维的感知能力的人类，能够超越自己的实际需要，撇开生存律的控制而对对象的非实用层面进行感知，达到无私的、非实用状态，使它进入人生的经验范围。这就是审美，就是自然向人的生成，就是自由和幸福的体验的开端。

（3）培养完形知觉能力。这种能力吸收、蕴含了对对象的情感把握能力，把它转化为一种符号的完形知觉和感受。美术教育对符号的完形知觉能力的培养包含对符号的熟悉和运用。

人是符号的动物，通过创制和运用符号来实现文明的进化。美术符号是后天的创制物，受教育者对它的表达方式、情感表现性有一个熟悉了解的过程。如绘画把三维或四维现实转化为二维形式。对不同的符号需要有一个清晰了解和熟练掌握的过程。

培养受教育者把对象加以组织，在内在需要的驱使下极力将不完美的形式改变为完美形式的能力，这种能力源于机体内部追求平衡、进行自我调节的压力和倾向。如籍里柯的《梅杜萨之筏》以倾斜的三角形引起人的紧张感，而在凡·高的《向日葵》中刺人的柠檬黄则犹如悠长、尖锐的号声。人对符号的知觉是直接地感知整体，从对象中抽取与心理结构相呼应的构成关系，经过一系列经验中的组织而感到和谐和愉快。这种能力是其自发性的先天基础，而作为一种审美能力，它是后天美术教育活动培养和训练的结果。如 1820 年发现于米洛斯岛上的断臂的维纳斯雕像，许多美术家想还之以双臂，但都不成功。实际上，我们并不为她残缺而遗憾，她的充满魅力的躯干有完美的个性：优美的轮廓曲线、微妙变化的体块组合、微微弯曲的身体、浅露笑意的嘴唇，传达出人们渴望已久的爱和幸福的永恒。因此，让人感觉她的任何一种手的固定姿态都是多余的，这就是完形知觉能力在起作用。这种能力在美术欣赏活动中的自觉实现，需要进行美术教育。

3. 陶冶性情

陶冶性情意味着美术教育对人性的培养。人性是相对于动物性而言的，动物性是指以自然法则来生存，在这种状态下，生存者匍匐于自然的压力之下，以本能的满足作为价值取向。动物性若施之于动物，无所谓善恶。而施之于人，它的无限制延伸将是对真知和善的戕害、对人类生存的威胁、对社会秩序的破坏。人是尊奉社会和理性的法则来生存的，人性意味着对原始欲望的控制和驾驭，以此来建立一个不同于自然状态的人类社会，进入有序进化发展。人性的形成是一个长期的过程，它的根基在于人类制造和使用工具的劳动实践。人性的完善也离不开社会经济、政治、法律、文化艺术等方面的自觉建设，使它作为一种直接影响人的行为的文化心理结构发挥作用，我们应该积极认识与了解人性，发挥其在社会的物质文明和精神文明发展中所应有的作用。

美术教育对性情的陶冶，表现在两方面：一是通过对形式的感受、领悟，使情感、心灵受到震荡、净化，培养起一种超现实功利的人生态度；二是在美术的审美过程中，受教育者通过对媒介形式秩序的观照和把握，产生自己的审美体验，逐渐提升审美水平和审美能力，最终实现对性格的熏陶。

审美活动表明人对感性存在的回归。美术教育对审美能力的陶冶是直接性的。在道德教育中，是理性凝结对感性的控制表现为超感性对感性的压倒性优势；在智力教育中，是感性的社会实践活动内化为理性结构。但在审美活动中，不再是理性对感性的优势，而是两者以感性为形式的充分交融统一，超感性的东西完全融汇在感性之中，带有愉快的自由性质。可以说，审美活动是感性中渗透了理性、个性中具有了历史、自然中积淀了社会成果。在美术教育中借助多样的、充满和渗透着社会理性因素的教育媒介，有目的将教育者引导到美术作品所提供的情境中去感受、领悟、体验和操作，就会使受教育者的个性情感得到净化和提升，获得普遍必然性形式，转变为自由超越的情感。

总之，美术教育对人性的建构，是以理性来调节和净化感性中属于动物性的东西，以理性的渗入、积淀使之发生转化，自然的人化，最终实现审美心理的成熟和完善，达到人性的自由建立以及个体的全面发展。同时，美术教育还以感性突破理性结构的僵化性、抽象性，赋予它以发展所需要的动力，使外在的伦理法则获得人情的意味和能动发展的姿态，而避免它变成空洞的教条和抽象、虚假的外在形式。因此，作为人性的内容，审美活动是人类群体超越动物性的族类特征。

审美能力的提高、改变，表现在个体心理中，能够延伸到智力、伦理，对智力开发、道德能力的改善都会产生促进作用。

（二）美术教育的非审美功能

1. 思想道德修养

（1）道德情感的陶冶与培养。美术教育是一种打动人的感情教育，它深切真挚、陶情塑性、移风易俗，被视为改造社会的一种重要力量。借助于美术欣赏和创作特有的教育功能，学生可以同作品中的人物同呼吸、共命运、体味其喜怒哀乐之情感，从而在内心萌发出某种义务感、责任感、光荣感、自豪感或耻辱感、悲伤感、愤怒感等，以完善自己的人格要素，达到“从心所欲不逾矩”的思想境界。

（2）道德意识的渗透与熏陶。美术教育用视觉形象作用于人的意识，引起联想、想象，以潜移默化的形式使人接受某种道德观念、精神品质和思想意识的教育，乃至灵魂的向往和陶醉，从而达到优美崇高的思想品德境界。

（3）道德行为的塑造和规范。道德行为在伦理结构中一般说来是道德意识、道德情感、道德意志的综合反映。美术教育要发挥全方位的教育功能，就应该发挥德育的功能，包含德育的因素；而德育也应重视视觉形象审美规律的运用。

（4）意志品质的磨炼与涵养。长期在画室写生，尤其是画素描，需要有坚忍不拔的毅力，精益求精的精神；制作图案需要有耐心细致、一丝不苟的工作习惯；到野外下乡进行写生，就要有不怕艰苦、有对美执着追求和创造，这里都含有意志的涵养与磨炼的因素。

从美术的品格来看，美术作品是美术家真实情感的流露，美术创作的目的性和美术作品存在的目的就是情感的沟通：在变化、差异、多样性的基础上实现个体情感对人类整体情感的认同，达到它们的统一。美术家以其不得不发的真挚情感进行艺术表现，美术作品显示着美术家对自由形式的建构才华，美术家以自由的形式将主体心理空间的有限性融合于美术空间的无限性，使个体和人类相沟通。

美术教育包含着价值教育，它使受教育者在体验与创造中感受美好事物的不可重复性、独特性以及它对我们生活的意义，来培养人珍惜美好事物的情操。

2. 知识经验积累

通过美术教育可以使受教育者增长生活、社会等各方面的知识，提高文化水平，以观念的形式丰富人生经历。

美术以社会生活为反映对象，涉及人类生活的广大领域，包含着自然、社会、思维等各方面的知识和经验。在美术教育过程中，受教育者能够直接获得知识和经验，美术的受教育过程同时也是知识经验的积累过程。如美术教育包含色彩、几何、透视、生理解剖等方面的知识经验，接受美术教育也就是接受了这些知识的教育，受教育者在事物的远近、大小、明暗、结构等方面会大有收获；它还包含了社会、历史知识的内容，如张择端的《清明上河图》，表现的是北宋汴京城商业繁荣的景象，该画采用横幅长卷，鸟瞰透视，从郊外直到繁华的闹市中心，展现了当时百态万千的市民生活盛景。以这些绘画作为教育媒介，能够使受教育者了解各方面的知识。当然，美术中所包含的知识经验不如具体学科知识经验的学习那么明确，从美术作品中受到的社会生活知识教育也无法和系统、全面的人文科学的教育相比。但美术教育以意象形式传播的知识经验，比具体科学的教育更加丰富、具体，能够和现实生活情境紧密联系在一起，使受教育者在动情自由的状态中潜移默化地接受影响。

3．训练与提高劳动技艺

随着社会生产力的发展、社会文明的进化，美术一步步摆脱了技术规范的强制性和外在性，从物质层面上升到精神层面，从此美术和技术渐分两途：技艺仍然是物质层面操作性的东西，它服务和服从于功利目的，满足人的生理需求；美术则于精神层面拓展空间，显示出超越物质功利的心灵自由性，借以为人类提供精神家园。但分为两途并不意味着两者毫无关系，以劳动技艺的发达为基础特征的社会生产力所创造的物质财富是美术活动的基础，而劳动技艺的熟练化必然使操作者得到准美术的自由感。

二、美术教育的价值

（一）情感价值

美术教育形成之初，就带着强烈的主观性和人类情感，美术教育必须尊重美术的情感性，并在教育过程中充分发挥这种情感力量对美术教育的促进作用。人类是社会性生物，需要从自己的生存环境中获得来自其他社会个体的肯定与尊重，这种精神需求和情感满足在美术创作活动中都能够得到满足。

1．情感的美育价值

审美教育的基本目的是提升人的精神层次，帮助人们在理智上获得更好的启发，在精神上获得更多的愉悦，从而促进人在智力和精神上的双重发展。美国著名美术教育家罗恩菲德在他的《创造与心智的成长》著作中指出:“美感的成长是创作活动的固有贡献；赫伯·里德把美感教育称为‘意识、智慧和判断所依赖的教育’。只有这种感觉与外在的世界达到和谐的关系时，才能建立起统筹的人格，如果没有这种统整的作用，我们不但会导致心理学家所熟悉的心理不平衡，更严重的是教条的或武断的思想系统把逻辑或智慧的模式硬加在有机的生命上，而不顾人心。这种客观环境感觉的调整，可能是美感教育最重要的机能。”①

由此可见，审美教育首先要从学习者的感觉器官开始，审美教育的最先途径是从训练人的感觉器官开始的，或者说首先应该培养人的审美的“眼光”，以审美的眼光去改变实用目的的视觉态度。例如，当我们在欣赏一件原始彩陶或夏商青铜器的时候，若专注于它的实用价值几乎很小；若从它的造型特点（色彩、形状）以及它所折射的时代痕迹却又具有审美价值和历史价值。然而，这种审美感受的获得并非每人都能体验得到，只有运用艺术家的眼光去欣赏和感受才能达此境界。这种眼光是锐利的，能在复杂而又多变的生活和自然中看到或者感受到与别人不一样的东西。想要让普通人用艺术家的眼光看世界，最重要途径就是加强美术教育和审美宣传。人们只有不断自觉地接受美术教育，才能通向更高的审美境界，获得发现艺术之美的眼睛。

2. “天人合一”的体验价值

著名德国哲学家黑格尔和我国古代先贤都在追求“天人合一”的境界。要达到此境界，有赖于情感的升华，而艺术和宗教是最有力的手段。

美国著名符号论美学代表人物苏珊·朗格认为，在人的内在生命中，有一些复杂的、微妙而真实的生命感受，这种感受必须借助于知觉和体验才能得到。表达这种感受是语言这类符号语言所难以胜任的，通常认为只有艺术活动中更多、更复杂意象的艺术形式能够承载这种情感。生命总是呈有机状态的，连绵流动、错综交叠、微妙复杂，而艺术是包含多种复杂含义的综合体，其主要领悟方式是体验和知觉，很少诉诸推理。苏珊·朗格认为，生命的逻辑形式概括为运动性、有机统一性、节奏性和生长性四种生命形式特征。而这四种特征恰恰是艺术所具备的。美术教育正是运用上述四个艺术形式特征，使学生从中作品中感受到生命、自然和艺术的魅

①[美]罗恩菲德著；王德育译.创造与心智的成长[M].长沙：湖南美术出版社，1993：58.

力，从而更深刻地去认识它和创造它。当代美国著名美术教育家艾斯纳认为：艺术跟学校所开设的其他课程不一样，它培养学生的发现力、判断力和对大量文字无法表达的意思的体验力。

3．宣泄与治疗价值

美术不仅可以满足人们的审美情感，使其精神愉悦，它还可以解脱人在精神上的痛苦。因此，人不仅需要他人的肯定情感，在特定条件下，也需要他人的否定情感。当一个人陷入严重的自责和内疚时，他人的指责也会变为内心的安慰。同时，人也需要支出自己的情感，当一个人对特定对象的特定情感增长到一定程度时，超过自我负荷能力，也需要打开情感的闸门。早在 2000 多年前，我国古代医书就提出人有七情——喜、怒、忧、思、恐、悲、惊，并指出“怒伤肝”“忧伤肺”“思伤脾”“恐伤肾”等理论见解。由此可见，人的情绪与健康有着密切关系。

在科技发达的现代社会，人们更重视健康的心理，并从不同角度、不同学科采取不同方法对人的心理疾病进行诊断和治疗。以美术的方法来治疗心理疾病在我国古代并不稀奇。此外，很多科学家都证实了以图画激起人的想象而使人恢复健康的事实。美国一些专家的研究发现，人的下丘脑中有一种只产生于胸腺的胸腺素，能通过想象信息的作用进入大脑，促使大脑释放可的松，减弱淋巴细胞的活动，使因淋巴细胞活动过度而产生的自身免疫性减弱疾病得以控制。

目前，人们开始注意绘画的临床运用，可在精神病患者身上寻找病因。如意识崩溃的病人，整个潜意识内容却毫无掩饰地曝光于绘画，使医生易于发现病因。狂躁病人往往迫不及待地画出一个尚未完成的草率形象，具有重复和非连续性的效果。例如，法国后期印象派画家凡·高在现实中孤独、压抑且追求生命，渴望生活的欲望强烈，他在自己的作品中尽情地宣泄了这种强烈的生命欲望。每当他疾病发作时，他反而会产生无法抑制的创作欲望和灵感。又如，挪威画家蒙克从小遇到一连串的不幸，养成了忧郁的性格，但他却不厌其烦地画出大量表现爱的题材，企图以爱的世界抚平心灵的创伤。在画里充分表达了他的欲望，画成为他宣泄情感的工具。由此可见，精神病人由于个人在现实中的欲望未被满足而导致内心恐慌不安，可以借助绘画形式来缓解心理紧张之感。

此外，美术教育的宣泄与治疗在儿童教育中更有助于自闭儿童恢复信心，重新投入生活的怀抱。

（二）人才素质价值

1. 美术取向的美术教育

以美术取向的美术教育其着眼点为美术本身，是“由美术本位出发，以教育为手段，发展和延续美术文化，换句话说，即借助于一定的教学方式和手段，横向和纵向传播美术知识和技能，促进美术文化的发展”[①]。人类美术教育发展的漫长历程大多属于以美术取向的美术教育。人类运用美术去交流情感、表达观念的同时，还要将这种形式加以传承，使得美术得以发展。

美术教育的起源与美术起源是同步发展的，人类任何知识的形成和技术的成熟都是由教育相传与承接。在这个过程中，传授者有两个出发点。

（1）希望学生（弟子）尽快地掌握其技能，早日成为接班人，使前人在实践中获取的知识和技能不失传。

（2）希望学生（弟子）接受前人的教训和经验，总结失败的过程，另外，从事此项活动时的起点高于他们的前人。美术文化正是在这种递进式的传播中发展起来的。

可见，教育以最经济、最快速和最有效的方式作用于美术文化，使美术文化延续和发展。原始美术的目的比较单纯和明确，是为传授某种美术技能，其传授的方法和手段往往显得并不重要，以至未能发展到预期的高度，发挥作用。它“与现代美术教育比较，原始美术教育只能算是一种隐性的教育”[②]。

2. 教育取向的美术教育

以教育取向的美术教育着眼点在教育，把美术作为教育的媒介，注重教育的价值。也就是通过美术教育有目的地培养人的道德观、意志、审美趣味、智力和创造性等基本素质和能力。这种双重的教育功能与其他学科的教育目的一样，除了传授本学科的专门知识和技能之外，同时发挥本学科的教育特点，使受教育者的行为特点和精神素质发生改变。

总之，不管美术取向的美术教育或是教育取向的美术教育在人才素质的价值观上有何差异，二者在人的智力、情感、创造和技术等价值方面都有其一致性。

[①]尹少淳著.美术及其教育[M].长沙：湖南美术出版社，1995：2.
[②]尹少淳著.美术及其教育[M].长沙：湖南美术出版社，1995：5.

（三）智力价值

智力是个体在认识过程中各种能力的综合产物，它是人类改造客观世界以适应自身需要的根本依仗。人类社会的发展和人类的进步过程，就是智力发展的过程。所以，智力活动既是一个从外部物质活动向内部心理活动转化的过程，又是通过这些被转化的智力因素向外部世界适应和创造的活动。智力是能力结构中的主要核心部分，智力的构成要素也必然成为人的一般能力和特殊能力的基础或有机构成因素。能力的培养和形成与智力的发展，除遗传因素外，还要靠学校内外的全部教育教学活动去促进。因此，在学校美术教学中，以培养记忆力、观察力、思维力、创造力和想象力为目的的美术教育都是智力开发的重要因素。美术教育作为一种发展智力、培养形象思维和创造意识的教育活动，在人类认识世界、改造世界的过程中有着极其重要的意义。

1．智力的视知觉价值

在美术学习中，学生首先遇到的问题就是视知觉的反应，它既是人的一般反应，更是美术学习者对客观物体的独特反应。尹少淳先生在他的专著《美术及其教育》中认为："视知觉能力无论作为智力发展的一个因素，还是作为智力的一个因素，都是十分重要的。因此，从智力发展的角度着眼，训练和发展学生的视知觉能力，的确是教育的一大任务。"[①]

2．智力的思维价值

思维是打开宝库的金钥匙，思维是反映事物本质和规律的认识活动，思维是理解知识、转化知识的心理因素，思维能力是智力结构的核心。要想深刻认识客观事物，必须通过思维去突破感知的局限性，深入事物内部的本质和规律中。思维的特征具有逻辑性、概括性、目的性、层次性和间接性等，其中概括性是思维中最基本的特征。

一般认为美术学习是形象思维的表现，因为它具有以事物的表象信息（形象特征）为材料，以已有的经验、个性、知识、情感为中介，对客观事物进行想象、提炼和创造的思维过程特征。这种理解具有一定的片面性，实际上，美术学习更需要形象思维中的意象思维，这是客观形象转化的重要思维形式。而且，美术学习还需要抽象思维。其特点是以抽象的概念、

[①]尹少淳著. 美术及其教育[M]. 长沙：湖南美术出版社，1995：147.

判断和推理为形式，以分析、概括和综合为思维过程，揭示事物的本质特征和规律性的联系。此外，美术学习也需要灵感思维，灵感思维在美术学习和美术创作上有着极其珍贵的价值意义。

可见，一切美术活动都是在思维的基础上开展的，它是运用内部力量（思维），并借助外部的工具材料（物质），根据个性和灵感（感情）的诱发而进行创造艺术形象的活动。这是从客观形象到艺术形象的思维转化过程，因此，思维能力是美术学习的核心部分。

（四）非智力价值

传统教育中，人们特别重视智力因素的教育而忽视了非智力因素的教育。随着教育科学的发展，人们对非智力教育逐渐引起重视，尤其是素质教育的实施，使得这个被冷落的领域充满了活力。但是，人们对非智力因素的概念却存在不同的看法，尚未统一，大致有以下几种。

（1）把非智力因素分为三个层次：其一为广义的，指智力因素以外的一切心理因素；其二为狭义的，它主要由动机、情感、兴趣、意志和性格等五种心理因素组成；其三为具体的，即有成就动机、求知欲望、学习热情、自信心、自尊心、进取心、义务感、责任感、荣誉感、自制力、独立性、坚持性等。

（2）非智力因素即人格因素。

（3）非智力因素是指除了智力与能力以外的又同智力活动效益发生相互作用的一切心理因素。

（4）非智力因素不直接参与对客观事物认识的具体操作，但具有动力和调节功能。

（5）非智力因素就是个性结构，主要包括兴趣、需要、情感、动机、意志、气质、性格、态度、理想等。

事实上，任何一个具体的心理活动，智力因素和非智力因素都同时存在，有时难以分解。我们决不能强调智力而忽视非智力，更不能把非智力与智力割裂开来，它们是人类心理活动的有机整体不可分割，是相互影响、相互促进、共同发展的。

在塑造人的全过程中，非智力因素起到了极为重要的调节作用，如果没有非智力的调节，德、智、体、美都不可能朝着理想的教育方向发展。如果我们将受教育的人视为材料系统，德、智、体、美四个主要教育内容视为最佳配方系统，那么非智力因素则为调节系统，从而实现目标系统。

这四个系统既是独立的，又是相互作用的，且都向着目标系统发展。然而，每一个系统都具有不同的价值，材料系统具有原料价值，配方系统具有内涵价值，调节系统具有加工价值，目标系统具有成功价值，每一个价值系统又可划分各种类型的具体价值。

对于非智力因素的功能，国内外很多学者都有论述，综合有如下主要功能：动力功能、定向功能、创造功能、强化功能、调节功能。除上述功能外，还有感染功能、审美功能、育智功能、定型功能等。非智力因素不仅对智力具有促进作用，更主要的是对人的全面发展起到了全方位的促进作用。此外，非智力因素还具有加工价值，在这个价值系统中呈现出三个具体价值，即意志价值、动力价值和调控价值。

由此可见，非智力因素的价值都属于隐性价值，它在人发展的各个方面起到保驾护航作用，它自己本身不存在价值，只有与智力、体力、品德等方面有机结合才能形成价值。非智力价值是任何学科教育不可或缺的，它在美术教育过程中发挥着不可替代的作用。因此，过程教育的价值充分地体现在非智力因素的发展过程之中，其潜在价值是不可估量的。

第三节　美术教育的技术手段

一、现代教育技术的定义

教育技术在国外已有近百年的历史，名称也几经修改。20 世纪前半期，作为一种教育实践活动的教育技术，一直在“视听教育”的名义下进行，强调教学媒体的制作、开发及利用。到了 20 世纪 60 年代初，由于传播学理论的引进和程序教学的影响，“视听教育”发展成为“视听传播”，研究重心从“视听媒体”转向了“学习过程”。1972 年，美国教育传播和技术协会将其实践和研究的领域正式定名为“教育技术”。

在我国，早期的教育技术主要是指音频和视频技术及其他技术手段在教育中的发展和应用，因为这些技术通常以“电”作为基础媒介，所以被称为“电化教育”。直到 20 世纪 80 年代中后期，我国逐渐开始使用“教育技术”这个名词。

关于教育技术的确切定义，各种文献中引用较多的有两种：①美国教育传播与技术学会在 1994 年发布的定义：“教育（教学）技术是对学习过程和学习资源进行设计、开发、运用、管理和评估的理论与实践。”②我国上海教育出版社1990年出版的《教育大辞典》，将教育技术定义为："人类在教育活动中所采用的一切技术手段的总和，包括物化形态的技术和智能形态的技术两大类。"

归纳这两个权威性的定义，可从以下四个方面来理解教育技术的内涵。

（1）教育技术是教育过程中所用到的各种物化手段。教育技术可以视为"教育"和"技术"两个词语搭配而成的词组，通常可以理解为"教育的技术"或"教育中的技术"。通常认为教育技术可分为"有形技术"和"无形技术"两大类。

（2）有形技术主要指在教育教学活动中运用的物质工具，包括从黑板、粉笔等传统教具到投影、幻灯、视频展台、电视、网络、计算机、卫星等一切可用于教育的教学媒体，可以视为教育技术的硬件组成部分。

（3）无形技术既包括解决教育教学问题过程中的技巧、方法、策略，又包括其中所蕴含的教学思想、理论等。它可以视为教育技术的软件组成部分。有形技术是教育技术的依托，无形技术是教育技术的灵魂，这才是教育技术的真正内涵。

（4）教育技术是一门理论学科，它有自身的理论基础和理论体系，它的研究对象是学习过程和学习资源，研究领域确定为设计、开发、管理、运用和评价这五个基本范畴，研究的目的是为了促进学习。同时，教育技术又是一门实践学科，具有很强的应用特性。

总之，所谓现代教育技术，就是运用现代教育理论和现代信息技术，通过对教与学过程和教学资源的设计、开发、利用、管理和评价，以实现教学优化的理论和实践。

二、美术教育中多媒体教室的应用

（一）现代美术多媒体教室

美术教室作为美术教育开展和进行的场所，在美术教学中具有非常重要的作用，教学设施的配备能够为美术教育提供更好的教育环境和辅助手段，提升美术教育的效果。多媒体美术教室是技术条件发展的产物，为开展丰富多彩的美术教学活动，打造立体化美术教育课堂提供了良好的基础，能够极大提升美术教育的效率。

1. 现代美术多媒体教室应该具备的基本功能

（1）校园网络和国际网络互通，能够拓展教师的教学资源，丰富教师的课堂教学内容，提高美术教学的趣味性。

（2）用高保真音响设备播放各种声音信号。

（3）利用多媒体技术教学技术，使用课件等现代教学手段对教学内容进行展示，利用计算机技术辅助美术教学。

（4）支持实物资料的投影效果，能够方便地进行示范，帮助学生更加直观地认识与了解教学内容。

2. 现代美术多媒体教室的基本组成

一个完整的现代多媒体美术教室由多个控制系统组成，具体来说包括中央控制系统、投影仪和投影屏幕、多媒体计算机、交互式电子白板、实物展示台、音响设备等多种现代教学设备。在多媒体教室的应用中，教室能够更为直观、便捷地展示教学内容，提升课堂的吸引力，促进学生学习的积极性和主动性。

（1）中央控制系统。中央控制系统是整个多媒体教室的核心之一，采用集中化的控制方式将多种教学设备的控制管理集中到一起，既能够连接计算机进行视频、音频以及图像数据的处理和输出，还可以通过互联网进行实时数据的输出和展示。

（2）投影仪和投影屏幕。投影仪是多媒体文件的输出设备，一般来说连接计算机，有时也会连接实物展示台或者其他信号输出设备。投影仪能够将图像投影在屏幕上，可以为教师提供现实物、手稿、照片等教学道具的多媒体展示，是美术教学中不可或缺的重要设备。投影仪的投影效果与投影屏幕有一定的关系，想要保证投影的效果，要搭配合理的投影屏幕才能达到最优效果。

（3）多媒体计算机。计算机多媒体教室功能实现的核心设备，计算机的配置和功能对教学效果的实现有很大的影响，计算机要能够流畅运行需要的教学软件，并且能够进行系统还原操作，防止由于操作失误或者其他原因引起的系统故障。美术教室当中，如果能够为分组教学，并配备媒体计算机，能够对发挥学生的积极性提供良好的辅助作用。

（4）交互式电子白板。交互式电子白板是一种新型的教学媒体，在美术教学当中也具有很强的应用价值。交互式的电子白板能够将计算机、多媒体设备以及互联网进行有机的连接，不仅能够为生动地展示教学内容，还可以在电子白板上实现对计算机和网络的控制，让学生能够更好地学习和应用。使用电子白板能够为学生呈现学习的过程，让学生站在全局的角度对美术学习进行审视，同时也可将教师从计算机操作的琐碎工作中解放出来，给课堂留下更多的交流与互动空间。在制作好的课件中，教师可以有效利用白板批注，对原课件的内容进行控制和操作，并添加教学感想和重点引导，提高教学过程的有效性。在发达国家，电子白板的应用涉及面非常广，除了美术教学，还广泛应用于其他学科教学。

（5）实物展示台。实物展示台可以用来进行照片展示、实物展示和手稿等物品的展示，通过投影设备将它们的影像投放到屏幕上，是一种非常实用的教学设备。对于美术教师来说，它可以进行照片、实物、手稿、书本资料的投影，非常便捷。对美术教师而言，由于可以将现场绘制的过程通过实物展示台链接到投影仪放大显示到投影屏幕上，因而显得格外实用。它不单独使用，只能通过输出数字信号，由投影仪再现于屏幕上。

（二）美术教学的其他辅助设备

对于美术教师而言，仅仅使用多媒体教室中的设备几乎不能满足正常教学的要求。由于美术学科自身的特性，美术学科知识中对图片、动画、视频的要求，使得美术教师需要了解并运用更多的仪器设备，如数码相机、扫描仪、摄像机等。这些可以被视为美术教学环境的“软组织”部分，主要用于教学资源获取，大多存在于课前准备阶段。

1. 数码相机

数码相机是集机械、光学、电子于一体的产品。它集成了影像信息的转换、存储和传输等部件，具有数字化存取模式与电脑交互处理和实时拍摄等特点。光线通过镜头或者镜头组进入相机，通过成像元件转化为数字信号，数字信号通过影像运算芯片储存在存储设备中。数码相机成像元件的特点是光线通过时，能根据光线的不同转化为不同的电子信号。

2. 扫描仪

扫描仪是一种能将各种平面光学图像信号捕获，并转换成计算机可以显示、编辑、储存和输出的内容的计算机外部仪器设备。书稿、照片、艺术作品、图纸、底片、胶片，甚至印制板、纺织品等三维对象都可作为扫描对象，按照使用方式可以分为手持式、平板式、滚筒式和三维扫描仪等四种类型，其中平板式扫描仪最为普及，也最适合美术教师使用。

3. 摄像机

摄像机的工作原理是把光学图像信号转变为电信号，以便于存储和传输。

当我们拍摄一个物体时，此物体上反射的光被摄像机镜头收集，使其聚焦在摄像器件的受光面（例如摄像管的靶面）上，再通过摄像器件把光转变为电能，即得到了“视频信号”。摄像机按照存储介质可以分为以下三种。

（1）磁带式指以 Mini DV 为记录介质的数码摄像机，它最早在 1994 年由 10 多个厂家联合开发而成。通过 1/4 英寸的金属蒸镀带来记录高质量的数字视频信号。

（2）光盘式指的是 DVD 数码摄像机，采用 DVD 光盘（DVD±R 和 DVD±RW）来存储动态视频图像，操作简单、携带方便，拍摄中不用担心重叠拍摄，更不用浪费时间去倒带或回放，尤其是可直接通过 DVD 播放器即刻播放，省去了后期编辑的麻烦。

（3）硬盘式指的是采用硬盘作为存储介质的数码摄像机。2005 年由 JVC 率先推出了用微硬盘作存储介质的摄像机。硬盘摄像机具备很多好处：第一，大容量硬盘摄像机能够确保长时间拍摄，让你外出旅行拍摄不会有任何后顾之忧；第二，回到家中向电脑传输拍摄素材，也不再需要 Mini DV 磁带摄像机那样烦琐，也不需要专业的视频采集设备，仅需用 USB 连线与电脑连接，就可轻松完成素材导出，让普通家庭用户可轻松体验拍摄和编辑视频影片的乐趣。

（三）教学媒体开发

通过数码相机、扫描仪、摄像机等设备获取的图片、视频资源是美术课程资源的重要组成部分。但是通过这些方式获得的教学资源往往需要二次加工才能用于教学，而且仅靠这些形式多样的资源也还是不够的。因此，为了更好地进行美术教学活动，应该把这些资源整合起来，制作成合适的教学课件，这对美术教师的教学媒体开发能力提出了更高的要求。

在现代美术教学情境中，美术教师和学生一起构成了这个教学情境的主体，教学媒体开发主要依赖于美术教师的个人能力。于是，图像和音/视频处理技术以及多媒体课件的开发技术对美术教师而言就显得尤为重要。

三、美术教育中多媒体课件的运用

（一）多媒体课件的信息表达元素

多媒体课件的信息表达元素可以大致归纳为以下六个方面。

（1）图形。图形是指由外部轮廓线条构成的矢量图，即由计算机绘制的直线、曲线、矩形、圆、图表等。图形描述的对象可任意缩放而不会失真，适用于描述轮廓简单、色彩单纯的对象。

（2）文本。文本是以文字和各种符号进行表达的一种信息形式。文本在多媒体课件中主要用来描述知识，如阐述定义、概念、原理及显示标题等。

（3）声音。多媒体课件中的声音主要包括两个方面：解说和背景音乐。由于语言的逻辑性强，解说常常表现为朗读和解释，能起到承上启下、解释画面的作用；背景音乐在课件中主要是起突出主题、烘托气氛的作用，有时也作为教学内容的一部分。

（4）图像。图像是由一些排列的像素组成的，在计算机中的存储格式有 BMP、TIF、PCX、GIF 等，一般数据量比较大。它除了可以表现真实的照片外，也可以表现复杂绘画的某些细节，并具有灵活和富有创造力的特点。当图像缩放或低于创建的分辨率打印时，将丢失其中的细节，出现锯齿状。

（5）视频。视频泛指将一系列的静态影像以电信号方式加以捕捉、处理、记录、储存、传送与重现的技术。视频影像往往具有丰富的信息内涵，有声有色，常用于交代事物的发展过程，能带给学生丰富的感性认识，在多媒体课件中充当着重要的角色。

（6）动画。动画是利用人的视觉暂留特性，快速播放一系列连续运动变化的图形图像，也包括画面的变换、缩放、旋转、淡入/淡出等特殊效果。通过动画可以把抽象的内容形象化，使许多难以理解的教学内容变得生动有趣，为提高教学质量创造条件。

（二）多媒体课件的创作流程

1. 前期准备阶段

（1）需求和目标分析。对学习者的需求和课程的教学目标进行分析。

（2）系统设计。系统设计实际就是对多媒体课件的总体设计，其设计的要点包括媒体的应用设计、层次结构设计、知识点的表示形式设计、导航设计、页面设计、页面链接设计、交互设计等内容设计。在进行系统结构设计时，要注意以下两点：①要最大限度地满足学习者在获取学习资源上的要求，满足学生对学科知识的需求；②要保证课件结构清晰、界面连贯、运行高效。同时，美术教师应该特别重视页面的美观设计，以美的享受传递美的理念。

（3）教学设计。教学设计是课件制作中的重要环节，在整个课件的开发过程中，教学设计有着举足轻重的地位。课件是否符合教学需求、课件的效果是好是坏等，关键在于教学设计。教师应根据教学目标和学习对象的特点，合理地选择教学资源、教学媒体和教学策略，确定教学知识点的排列顺序，安排教学信息与反馈呈现的内容及方式，以及人机交互的方式等，做好教学设计工作。

2．中期开发阶段

（1）脚本创作。对课件结构进行合理设计后，一般不应该直接进行课件创作，而应编写出相应的脚本。多媒体课件的脚本相当于影视拍摄时用的剧本，是课件制作的依据。编写脚本没有固定的格式，常用的两种基本格式：通用型和卡片型。

脚本设计和编写的基本内容是一张张脚本卡片的设计与编写。在一定程度上，可以认为脚本是脚本卡片的集合。脚本系统应规定脚本卡片的基本格式和编写方法。脚本卡片的排序由学习流程所决定，脚本卡片也是学习流程的具体体现。脚本系统中应包含学习流程的说明，并在学习流程中标明各处理阶段和各功能所对应的脚本卡片的序号或序号范围。

此外，画面设计的原则和方法等在课件设计、开发、使用以及维护中非常重要，它不仅决定了课件中教学序列的呈现结构形式的选定和学习流程控制，还为每一帧画面的设计、制作提供了原则和方法，同时也为课件的使用、维护和二次开发创造了条件，提供了依据。脚本系统中，对这些内容的描述是以脚本说明的形式给出的。

一个完整的脚本系统应包括以下主要内容：脚本卡片及其序列、课件的学习流程、脚本说明。某些情况下，课件的学习流程也可一并放入脚本说明中。

（2）素材编辑。创作多媒体课件通常要用到大量的素材，一个好的多媒体课件出彩的部分往往便是素材，素材一般包括制作课件所用的图片、文本、音频、视频、动画等。所以，多媒体素材的编辑工具应该包括文字处理软件、绘图软件、图像处理软件、声音编辑软件、视频编辑软件以及动画制作软件。

1）图片。一般可通过互联网下载，从素材库或教材配套光盘复制，通过扫描仪扫描，用数码相机拍摄等方式获取。如需要对图片进行进一步的处理，可采用 Photoshop、isee 图片专家、光影魔术手、ACDsee 以及 Windows 自带的画图工具等软件来处理。

2）音频和视频。可以自己制作，也可以直接从 DVD（CD、VCD）中选择，通过网上下载，用摄像机拍摄或话筒录音等方式获取。如果我们只需要音频和视频中的某一个片段，可以用音视频编辑软件会声会影、Premiere 等来剪辑。此外，现在大部分播放软件，如暴风影音、豪杰超级解霸等，都提供简单的音视频编辑功能。

3）动画。可以自己制作，也可以通过互联网下载。制作二维动画常用的软件有硕思三剑客、Flash 等，制作三维动画常用 Maya、3DMAX 等软件。

（3）系统集成。前面的工作做好后，就可以使用多媒体课件开发创作课件了。多媒体课件制作工具很多，常用的有 Authorware、PowerPoint、Flash、Dreamweaver 等。此外，还有一些专用的课件开发工具，如 ToolBook、Director、多媒体大师、方正奥思等。

素材准备好后，用多媒体制作软件把各种素材按照脚本的要求组合起来，形成一个有机的整体。如果发现前期脚本的某些设计不太理想，还可以相应地修改脚本，反复地修改、调试，以使课件符合教学的要求。

3. 后期调整阶段

（1）测试。测试时主要考虑以下三方面：功能测试——检查课件各个部分的功能是否完备；错误测试——找出课件的错误；效果测试——试验课件运行时能否达到预期的视听觉效果。

（2）评估和修改。根据课件在测试阶段和实际教学中的使用情况，找出课件的不足和错误，不断地对课件进行进一步的修改和优化，使得课件的使用效果达到最佳。

（3）打包和打印。将完成的课件做成可独立运行的文件或文件包，以便于课件的分发和使用。

四、美术教育中网络教学资源的应用

（一）基于网络的美术课堂教学模式

从网络与课程的结合方式来看，美国马里兰大学巴尔的摩分校的研究人员把基于网络的教学模式区分为网络辅助型、网络增强型和基于网络型三种类型。其实运用网络辅助的教学模式很多，细分起来至少有合作教学模式、讲解接受模式、自学辅导模式、家校互联模式、远程教学模式等，当前广泛运用的个人教学网站和博客站点，只要它们含有教育目的，能达成某种预期学习结果，则它们也可以理解为运用网络辅助教学的模式之一。

（1）网络辅助型是借助网络的某些功能来为面对面式的课堂教学服务，

以增强课堂学习效果的一种教学模式。由教师和学生事先通过网络搜集学习资源，进行预习，然后展开课堂教学，是网络运用的初级阶段。

（2）网络增强型也可以看作网络学习和课堂教学的混合体，它把网络作为学习活动的重要手段，而课堂教学反而成为网络学习的补充。学生被要求在指定的时间到课堂集中，进行共同学习和探讨，但学习内容以及过程都可以通过网络进行。

（3）基于网络型是通过专门设计的网络学习平台，让学生不受课堂时间和空间的束缚，实施网上自主学习，协作交流，并获得评价。

网络环境下的美术课堂教学模式，其中两个主要的限定词是“美术课堂教学”和“基于网络”，特别是将其限定在课堂教学中，主要原因在于网络资源和课堂教学各自的优势。

300 年前，自夸美纽斯提出班级教学的思想以来，分班级的课堂教学一直是学校教学活动的主要形式，几百年的教育实践也证明这是一种非常有效的教学方式。课堂教学在知识传递、人格塑造和能力培养等方面有着独特的优势。而网络资源和技术引入课堂是时代发展的需要，也是完善教学形式的需要，将两者有效整合，则优势互补，相得益彰。

因此，当前将互联网引入美术学科教学中的着眼点应该在于对基于网络的美术课堂教学模式进行研究。基于网络的美术课堂教学实施模式首先是在传统模式基础上的一种变异，而不是对传统模式的完全推翻。只有将传统的课堂教学与网络技术进行合理整合，保持传统课堂教学的长处，以此进行扬长避短、优势互补的教学策略，才能展现出传统美术课堂教学的改革新视野，促成具有现实意义的教学模式的形成。

（二）以网络为辅助工具的课堂教学模式

该种模式，从教学环境到教学活动过程，网络功能的运用都有较大的提高。在这种模式中，按照目前大多数中小学的建设条件，描述为“到电脑教室中上美术课”也许更合适。这种模式充分运用了网络的资源的数量优势和交互性，并且能够通过线上作品展示和评价来激发幼儿的学习兴趣，引导幼儿的美术思维发展。

对此，华东师范大学教育硕士张金广做了一个教学实验。该实验以校园网为基础、题为《网络故事》。在实验中，学生首先运用电脑绘图创作图像，表达自己的思考和情感，再运用电子公告板进行图片传输，举行网络在线展览，最后运用电子邮箱和 BBS 论坛来进行相互评价。其中，网络教学中最重要的功能——交互性功能已经有了一定运用，在教学中进行了互动的交流和评价活动，且还尝试了作品的在线展示和评价功能。由此，张金广在教学反思中总结得出，学生关注自己的作品，注意师生对自己作品的评价，并能够接受多元评价标准。

此外，宁波大学基础教育学院狄智奋老师也对这一模式进行了探索。她在实验中先运用校园局域网建立了“美术家园”教学板块，为实验班的所有学生建立了文件夹。其中设置了“我的美术作品”栏目用来进行作品展示，并加入了作品评价活动。在这个基础上建立了网上学习论坛，用于学生发表作品、提问和解答等互动活动。同时，她还在板块上设置了常用的美术网站的网址链接。电子学习档案袋中包括学生的各类作品、学习目标、学习态度、学习资源、学习任务、学习时间、学习过程、他人评价、自我评价等。[①]

目前，已有一些研究者对这种模式进行了教学实验，部分美术教师做出了一定的研究成果，但还没有到广泛运用的阶段。它们可以理解为“以网络为辅助工具的课堂教学模式”，这种模式往往都以校园网已具备的教学功能为基础，但是这种模式并不具备良好的教学设计体系和对学习过程的控制，仍然没有体现出网络辅助美术教学的最好效果。

（三）以网络为信息工具的探究教学模式

以网络为信息工具的探究教学模式吸收了网络丰富的信息资源优势来辅助教学，弥补了美术教材表达手段相对落后、信息量相对单一、教学资源相对单薄等局限，是目前广大美术教师运用网络辅助美术教学时习惯运用的一种教学模式。

这一模式虽然有很多不同的表现形式，但大致上我们还是可以将其划分为以下三个层次。

（1）师生运用网络开展研究性学习。这种教学模式的主要操作形式是由教师在学习主题中确定几个适合学生学习程度的小主题，再由学生运用网络寻找与各主题相关的学习材料，完成学习过程。这种模式在一定程度上发挥了学生的主体性和创造精神，但如何引导学生在庞杂的网络资源中寻找到目标学习资源则有些困难。

（2）教师和学生运用网络搜集辅助课堂教学资料，在这个基础上组织课堂教学。这种教学模式可以视为网络辅助教学的初级运用，很多美术教

[①]狄智奋. 电子档案袋评价法的行动研究[J]. 中国美术教育，2006（3）：9-13.

师在教学中或多或少都运用了这种方式来搜集资料。

（3）由教师先针对教学主题制作简单的网页，然后运用网页进行教学。这种教学模式对教师整合各种知识和软件运用能力有一定的要求，但是由于这种方式有新颖性，特别是在美术课堂教学中，往往有较好的教学效果。

以网络为信息工具的探究教学模式的基本特点在于：运用了网络上的学习资源为课堂教学服务，创设一种可用于探索与发现的教学情境。它是目前广大美术教师运用最为广泛的一种教学模式，这种模式在本质上都属于运用网络搜集资料从而更好地完成教学活动的过程。教师或学生以网络为工具，发挥其类似于图书馆的作用，都可以归纳到这种模式中，因此该模式可以理解为将网络作为信息工具的探究教学模式。

（四）基于专门网络学习平台的专题教学模式

尽管互联网为学生的自主学习提供了丰富的美术学习资源，但它们大多不是针对某些特定教学安排。若将其作为美术教学之电子教材，它往往欠缺严谨而有组织的知识结构。但若作为美术教学的补充资源，它又具有无法取代的重要性，而且学生从网上查找美术学习资料的经验还是显得不足。那么，如何更好地引导学生在庞杂的网络资源中寻找到学习资源呢?此时就可以采用基于专门网络学习平台的专题教学模式。

（1）提供一个针对学习主题的网络知识平台作为引入情境。在这个基础上，学生再寻找相关学习资源会比盲目上网寻找学习资源方便，效果也会更好。专门设计的网络知识平台，提供了与学习主题相关的学习信息和参考资料，同传统课堂教学中教师所提供的教学资源相比，它所提供的学习资源更多也更全面。此外，通过教师对学习资源的精心组织和有序排列，在培养学生信息处理和探究能力的同时，相对缩小了信息查找范围，使学生在学习的过程中不必花费过多的时间和精力来查找和处理信息，而把主要精力放在学习上，这样有利于提高学习效率。

（2）仅仅将学生要接受的内容放在不带有交互功能的静态网页上，这与传统课堂中运用教材进行学习活动是没有本质区别的，只是在技术升级的基础上，开发更多的课堂教学资源而已。因此，通过专门设计的网络学习平台，可以使学习者更轻松地获得大量与专题相关的学习资料，协作交流，实施自主学习，并获得评价。由于专门设计的网络学习平台具有 24h 在线开放、提供师生交流平台、方便学习作品展示、提供较完整评价体系等特点，所以运用专门网络学习平台能有效地完成课堂教学活动并延续课堂教学效果，真正做到激发学生学习兴趣，让学生对学习内容进行深入学习，从而主动建构知识体系。

尽管网络学习平台对各教学环节的支持和各类知识资源的供给，为学生提供了一个更好地进行自主、合作和探究学习的学习氛围，创造了一个更为民主、更加尊重学生个性发展的学习环境。然而，这个平台只是一个教学媒体，教师和学生如何运用这个网络平台进行教学活动才是决定教学成功与否的关键。教师如何进行教学设计，如何引导学生在这个环境下学习是完成教学活动最重要的环节。

第二章　幼儿园美术教育

第一节　幼儿园美术活动

一、不同类型和结构化程度的美术教育活动

（一）幼儿园美术教育活动设计的取向

活动设计的过程并不是价值中立的，而是由特定的价值所主导的。幼儿园美术教育活动的设计方法一般与设计者对幼儿教育和艺术教育的看法有关。目前，幼儿园美术教育活动的设计者主要持有以下具有代表性的理论观点：对美术教育的性质和目的持“工具论”观点的设计者往往采用以幼儿兴趣和发展为导向的设计理念；对美术教育的性质和目的持“本质论”观点的设计师往往采取学科导向的设计理念；力求将“本质论”和“工具论”美术教育的性质和目的有机结合的设计者，可以采用混合导向的设计理念。以下几个方面是这些理论观点在幼儿园教育实践中体现的。

1．学科导向的设计理念

设计者将艺术学科的知识和技能作为活动设计的主要依据，是幼儿园艺术教育活动设计的学科性质造成的。活动设计这一学科定位具有一定的优势。例如，它可以让孩子系统地获得特定的艺术知识和技能，也方便普通教师组织教学活动和评估。反之，幼儿园美术教育活动设计的学科定位也存在一定的局限性和问题。例如，过分强调艺术学科的系统性，可能忽视幼儿的生活、经历、兴趣和需要，使艺术活动的内容脱离幼儿的生活和需要，变得过于纪律性，严重的可能会形成单向的知识灌输和枯燥的技能训练，这与幼儿美术教育的目标背道而驰。

2．幼儿兴趣和发展为导向的设计理念

幼儿园美术教育活动设计注重幼儿的兴趣和发展方向，引导设计师围绕幼儿的生活、体验、兴趣、需求、心理逻辑和发展特点设计活动。活动设计注重幼儿的兴趣和发展方向，具有明显的优势。例如，以幼儿体验为

核心，力求将艺术学科和其他相关领域、学科的内容整合起来，主张将一定的学科知识转化为幼儿当前的生活体验，使幼儿得到全面发展；以幼儿的体验和成长需求为活动设计的基点，方便充分满足幼儿对艺术学习的兴趣和需求，有助于调动幼儿学习和探索的积极性，使幼儿成为真正的学习主人。这种设计取向的局限性在于过分强调幼儿的兴趣和体验，可能导致艺术学科中必要的知识和技能的弱化甚至消失。幼儿兴趣与发展型活动的设计与实施，如果过分关注活动中偶然发生的事件和个别幼儿的个体需求，盲目追随甚至纵容幼儿，就会影响教学活动的效果，导致活动过于浮躁、肤浅和活泼，实际上会失去孩子应有的发展机会，导致教师和学生的时间精力和资源的浪费。

3．混合取向的设计理念

持混合取向的幼儿园美术教育活动设计的教师，在教学设计过程中既要体现艺术学科的知识和技能特点，又要考虑幼儿的生活、经历、兴趣、需求、心理逻辑和发展特点，力求两者相结合。这个方向有助于整合前两种设计方向的优点，并克服它们的局限性，是幼儿园美术教育活动设计中应用比较广泛的方向。幼儿园艺术教育活动设计的学科取向、幼儿兴趣发展取向和混合取向构成了从学科到幼儿发展的连续统一体。混合取向一般会在幼儿园美术活动的实际设计中或多或少的出现。主体取向是以主体为基础的，不否认幼儿兴趣和发展的重要价值，并坚持活动设计的核心来自主体。同样，幼儿兴趣与发展取向认为，活动设计的核心应该来自幼儿的兴趣与发展需求，但并不一定否定活动设计中纪律等因素的价值。

（二）幼儿园美术教育活动的类型

根据以上三种不同的幼儿园艺术教育活动设计方向，目前幼儿园美术教育活动可分为三类，即学科导向的美术教育活动、幼儿兴趣与发展导向的美术教育活动和混合型美术教育活动。结合幼儿园美术教育实践的实际情况，学科取向的美术教育活动主要表现为个别学科的美术教育活动。幼儿兴趣和发展取向的美术教育活动主要表现为节目活动中的美术教育活动和区角的美术教育活动。混合取向的艺术教育活动主要表现为主题活动中的美术教育活动。从美术教育活动中的美术教育活动的个体主体、美术教育活动中的主题活动、项目活动，到美术教育活动中的区域角度，它们共同构成了学前美术教育活动设计从主体取向到幼儿兴趣和发展取向的连续体，形成了一系列的美术教育活动类型。

（三）幼儿园不同结构化程度的美术教育活动

幼儿园美术教育活动的通常包括“教学活动”和“游戏活动”。单纯的游戏状态下的非结构化活动和完全按照教师计划实施的完全结构化活动是幼儿园教育活动的两个极端。在这两个极端之间有许多中间状态。这些中间状态的具体情况体现了游戏活动与教学活动在不同程度上的结合，形成了从简单游戏到低结构教学活动，再到高结构教学活动，最后完成结构教学活动的连续体。一般来说，幼儿园的教育活动是多样的。既有纯游戏状态下的非结构化活动，也有完全按照教师计划处于中间状态的低层次或高层次结构下的完全结构化活动。幼儿园美术教育活动按结构程度可分为非结构活动、低结构活动、高结构活动和完整结构活动；在幼儿园教育实践中，游戏活动或角落活动中的美术教育活动通常属于“非结构化”活动；幼儿独立空间大的美术教学活动属于“低结构化”活动；教师预设的美术教学活动是“高度结构化”的活动，而完全由教科书或教师预设的美术教学活动则是“高度结构化”和“完全结构化”的活动。这些不同层次的美术教育活动，从“游戏活动中的美术活动（或角落里的美术活动）”到“教学活动中的美术活动”，不仅体现了教育活动的非结构化、低结构化、高结构化、综合性结构，同时也体现了教育活动设计者在决定学科要素、幼儿发展、教师角色等方面的作用。

一般来说，结构性的特征或多或少的会在教师设计和组织的专业美术教学活动里出现。在高度结构化的美术教学活动中，画什么、如何画、何时开始和结束、使用什么样的工具和材料等，往往是由教师事先设定好的，并严格按照活动中预设的设置按照步骤进行。幼儿园美术教育活动具有教学性质，更多的活动是由教师发起的，教师的活动处于活跃状态，活动的教育教学目标提前由教科书或教师确定，教师的教学由既定的教材或事先设定的目标牵引，完成教材或教师的任务，是教师和孩子共同努力的方向，更容易让孩子获得教师预设的知识和技能。由外部因素触发幼儿活动的动机，更重要的是活动的结果。

通常，幼儿在做游戏时或区域活动中自由选择的美术活动往往是非结构化的。在这样的美术活动中，只要在游戏中有可用的材料或在角落游戏的时间范围或区域内活动，画什么、如何画、什么时候准备画，什么时候结束，使用哪一种工具和材料，这些都可以由孩子单独完成发起，幼儿处于积极的地位。活动的目的是活动本身，能够满足幼儿自由表达和表现的需要。幼儿的内在需要是活动的动机，这种活动过程具有一种价值性。

幼儿园美术教育活动的结构只是相对的。一大部分的幼儿教师组织的美术教育活动都具有一定的结构。在不同的美术教育活动中，教师和幼儿处于不同的位置，扮演着不同的角色。他们往往有一定的优势和一些问题需要解决。一般来说，幼儿园的美术教育活动是高度结构化的，主要说明传达美术知识和技能的。更高层次的艺术活动强调艺术学科本身的独立性，强调向幼儿传授美术知识和技能以及教师的主要作用。美术教育活动主要是低层次的结构化活动，艺术教育活动的目标由教师和幼儿共同确定。活动由幼儿发起，主要关注艺术与幼儿生活和体验的联系。强调美术活动拓展幼儿体验，强调艺术与其他学科的融合。幼儿园艺术教育活动在一定程度上不是简单的美术活动，它的综合活动含有一种美术活动要素。

美术教育活动的不同类型和不同的结构层次之间存在着基本的对应关系。一般来说，以学科为导向的美术教育活动，如个别学科的艺术教育活动，更有可能是高度结构化的活动；幼儿以兴趣和发展为导向的艺术教育活动一般表现出的特点是非结构化或较少结构化的；各种混合取向的美术教育活动的结构程度介于前面两者之间，它的结构活动是一个从高到低的连续体。

需要着重说明的是，美术教育活动之间的不同的类型和层次的结构化对应不是绝对的。例如，主题活动中的美术教育活动在一定程度上是结构化的，但结构化程度也与设计者和实施者的教育理念、习惯和能力显著相关。学科导向的美术教育活动往往是高度结构化的活动，但有时是低结构化的活动，这和设计者和实施者密切相关的有教育理念、习惯和能力。

二、幼儿园幼儿美术作品活动的鉴赏

（一）幼儿园幼儿的美术作品有独特的视觉样式和审美效果

幼儿园的美术作品与成人美术作品在内容和形式上有着很大的不同。幼儿美术作品虽然在技巧上幼稚、不成熟，题材和内容往往不如成人美术作品广泛、丰富，但其天真、不成熟、朴素的视觉风格和气息却具有独特的审美效果和艺术魅力。

通常，当幼儿在幼儿园时期，自由感受和创作时，他们的美术作品往往具有文字稳重、线条朴素、色彩大胆、形象夸张等特点。幼儿在描写中往往注重细节，依照自己的兴趣，画面往往具有装饰性，并能反映出一定的个人特征。相反，如果孩子习惯于模仿老师或现成的例子，总是等待老师指定内容和教学方法，那么他们作品中积极的自信和独特的语言风格就会在很大程度上受到干扰和影响，甚至完全消失。因此，我国幼儿美术教育工作者应在进一步帮助和保护幼儿艺术本质的基础上，促进幼儿艺术能力的发展，而不是忽视幼儿的本质和基础，过分地强调教学。然而，幼儿和成人艺术家之间存在着明显的差异。例如，成人艺术家往往更能自觉地控制自己的才能，而幼儿的艺术创作活动则更受自己的才能所支配。随着孩子年龄的增长和艺术经验的积累，他们也开始能够部分控制自己的才能。特别是对于五岁以后的孩子来说，他们可以掌握一些描述世界的基本词汇，有基本的绘画步骤。这些孩子基本上可以在他们想画的地方画他们想画的东西。很多时候，他们可以感知到一个预期的目标，虽然不能完全实现预期目标，但他们正在努力接近他们想要实现的目标。

（二）幼儿园幼儿的美术作品是具有艺术性的作品

回顾幼儿美术研究的历史过程，我们可以发现，从古代到文艺复兴时期的作品中都没有专门对幼儿艺术的研究，更不用说对幼儿艺术作品的重视了。当然，这并不是说在现代之前孩子们没有绘画，没有到处绘画的爱好，而是因为当时的人们总是认为孩子的绘画是不成熟的，不值得关注的。只有随着现代艺术在美术史上的出现，才有可能发现和认识幼儿艺术作品的艺术性。

对幼儿美术作品的关注和对其艺术价值的认同始于现代主义艺术家。19 世纪下半叶以来，西方美术史发生了巨大的变化，现代主义开始兴起。就现代艺术而言，它的重要特征是对传统和常规的反叛，追求简单和朴实无华。当时，许多现代艺术家开始关注人类的过去，开始在原始艺术、现代本土艺术、民间艺术和幼儿艺术中寻找灵感。这些现代艺术家不仅认为幼儿艺术就是艺术，而且高度评价幼儿艺术，甚至崇拜幼儿艺术状态和幼儿艺术作品。现代艺术大师毕加索曾仔细研究过幼儿绘画。他曾发表过一组以幼儿绘画为基础的素描，重现斗牛场景。现代主义艺术大师（不仅仅是毕加索，马蒂斯、康定斯基、卢梭、杜飞、夏加尔、马宋、克利、米罗和杜布菲等）都感受到了幼儿艺术的魅力。许多现代艺术家对幼儿艺术的欣赏和模仿，甚至会直接体现在他们的作品形式上。例如，现代瑞士画家克利在绘画技巧中经常使用幼儿粗犷的轮廓和简单的想法，在他的表现中有意识地将自己限制在幼儿绘画的“理性现实主义”阶段；20 世纪伟大的画家米罗的许多绘画作品中，人物被描绘成一种极其简单、纯粹的风格，没有身体和表情，由不规则的椭圆形或圆形的脸直接搭在直腿上，即幼儿绘画中的“蝌蚪人”风格。

涂鸦和幼儿艺术也是法国画家杜布菲的代表作和灵感来源。杜布菲收藏了许多幼儿艺术作品，阅读了大量幼儿艺术方面的书籍。他特别赞同幼儿勾勒风格的大头粗犷人物，以及幼儿对记忆中传达的信息细节的强调。当然，这里提到的对幼儿绘画语言的模仿甚至直接挪用只是问题的一个方面。更重要的是，许多现代艺术家希望从幼儿身上重获纯真、简单和新鲜的内在品质。克利高度赞扬了孩子们的天真，他并不反对将自己的画与“幼儿涂鸦”相提并论，只是觉得“太美了”！

一般来说，首先是现代艺术家发现了幼儿美术的艺术价值。他们从幼儿和幼儿艺术作品中获得灵感。同时，他们也通过自己的作品和评论，促进了人们对幼儿艺术的进一步关注、认识和理解。

大多数儿童画都很生动。这些因素的结合通常会产生一种独特的美，几乎是一见钟情。他们的绘画包含了生命力、色彩运用、个性、想象力等艺术元素，以及绘画过程本身和过程中的情感。

从结果来看，幼儿涂鸦确实与许多成人艺术家的作品相似，具有很高的艺术性。例如，日本著名画家、幼儿艺术教育家熊本曾在威尼斯的墙上看到一个孩子的涂鸦，并拍了张照片。回到家后，他把涂鸦变成了一幅油画。后来这幅作品参加日本第 19 届“二纪展”，获得好评。熊本高级工程师认为，与孩子们的涂鸦相比，他感到惭愧：“不管怎么说，真品的涂鸦比我的画更真实。”熊本的例子充分说明了儿童涂鸦的艺术性。

第二节　幼儿园美术活动的设计

一、单独科目的美术教育活动及其设计

（一）单独科目的美术教育活动

单独学科美术教育活动又称分科的美术教学活动，是一种典型的以学科为导向的美术教育活动。单独学科的美术教育活动主要以美术学科的知识和技能为基础。这类美术教育活动的目标通常是相对学科性的，教学内容主要由专家或教师根据美术学科的性质预先确定。教育活动的评价标准主要是能不能达到预定的目标。

（二）单独科目的美术教育活动的设计

相比较其他类型的美术课程组织方式，单独学科美术教育活动的目标设定，通常是将美术学科的目标层层分解，具体的美术教育活动要从浅到深落实。在确定每个美术教育活动的目标后，选择相应的活动内容来帮助实现目标，并在保持活动对儿童的趣味性和吸引力的基础上，设计一定的活动计划。由于活动目标更加具体，活动内容和步骤已经提前确定，教师在实施过程中只需遵循既定的活动目标、内容和步骤即可。这种美术教育活动更方便于教师操作，这种美术教育活动使用较多的是幼儿教师特别是新教师。

二、方案活动中的美术教育活动及其设计

（一）方案活动中的美术教育活动

这种美术教育活动就是这里所提到的方案活动，他的意义在于幼儿的兴趣和发展取向，这样的美术教育活动也是一种幼儿园课程框架下的综合分析。

方案活动中的美术教育活动主要以幼儿的兴趣和需求为导向。活动可以由孩子发起，或者老师和孩子一块发起并完成。这种幼儿园教育活动的结构化程度相对较低。教师应更多地关注孩子的需求，从孩子的问题和感兴趣的话题中激发活动。活动的目的和内容具有较大的可变性和不确定性。即使教师预先设定了一些活动内容和环节，实际的教育活动也会随着时间、地点、环境、材料和孩子的具体情况的变化而调整甚至完全改变。正是因为这个原因，即使是同样的老师、同样的方案、在不同的时间、不同的环境，不同的孩子时，在设计和实施上也会有很大的差异。

（二）方案活动中的美术教育活动的设计

一般来说，在节目活动方案中设计美术教育活动时，确定活动的内容首先要根据幼儿的经验和兴趣，然后根据活动内容设定活动目标。这种设置很可能是即时的，并在现场确定的，在灵活性上和可变性上，活动内容和目标有着很大的变化。

幼儿园教育教学活动中的方案活动主要见于欧美国家。受西方幼儿教

育的影响，特别是意大利的雷瑞吉欧学前教育体系和美国的“生成性课程”。国内一些幼儿园也开展了方案活动的探索与实施，并取得了一定的成效。

项目活动的设计与实施对幼儿教师的活动设计、反思与调整能力以及教育教学机制提出了更高的要求。方案活动的结构化程度低、可变性和不确定性大、活动内容的整合性强，可能导致活动内容过于分散，活动过程过于随机。如果教师掌握不好，很容易导致美术教育活动流于形式且活动效率低下，缺乏儿童的真正发展。由于节目活动的这些局限性，我国幼儿园还没有广泛采用这种艺术教育活动。

三、主题活动中的美术教育活动及其设计

（一）主题活动中的美术教育活动

主题活动中的美术教育活动是一种混合取向的美术教育活动，这种美术活动也是幼儿园综合课程框架下的。课程设计的主要依据不仅仅是儿童的生活、经历、兴趣和需求，美术学科的特点和内在要求还试图兼顾着。

在一般情况下，主题活动中的美术教育活动的目标通常不仅是儿童的一般发展，而且是艺术学科。不仅是知识和技能，还有态度、习惯和价值观。活动目标和内容可以由教师确定，也可以由儿童根据自己的经验和需要发起。

主题活动中的美术教育活动主要由教师按照预定的目标、内容和步骤进行，活动结构较高。主题活动中的美术教育活动，有时可以根据幼儿的经验、需求和感兴趣的内容，调整预置的节目，甚至被幼儿发起，成为新的活动。这些活动的结构性程度较低。

（二）主题活动中的美术教育活动的设计

主题活动中美术教育活动的设计过程明显不同于单一学科中的美术教育活动。单独学科的美术教育活动设计是“目标先行，内容后行”，主题活动的美术教育活动设计是“内容先行，目标后行”。也就是说，在设计主题活动中的美术教育活动时，一般是根据儿童的体验和主题的需要来选择活动的内容，然后根据活动的内容来设定活动的目标，活动的内容和目标允许有一定的灵活性和可变性。

以主题活动的形式开展幼儿园教育教学活动，是最近几年来我国幼儿园越来越多选择和使用的一种艺术教育方式。这种教育方式既能反映和实施幼儿教育的一些基本要求，给予幼儿一些必要的知识和技能，又能在一

定程度上照顾幼儿的兴趣和需求，在活动中给予幼儿一定的自主性和空间。

美术主题教育活动的设计与实施对广大幼儿教师提出了更高要求。该活动具有很强的可变性和不确定性，但可操作性相应降低。它不仅要求教师掌握设计者的意图，根据基础教育活动的策划、教学能力，而且具有较高的教学机制，注重儿童在艺术教育活动中的具体反应，对于幼儿的体验和需要能够做出有效的反应，可以调整计划的活动和流程，并可以根据需要设计和生产新的活动。

四、区角活动中的美术教育活动及其设计

（一）区角活动中的美术教育活动

区角活动，又称活动区活动，这种活动组织形式在幼儿园中非常常见。角落活动是幼儿园教育活动中一种结构较低的活动。活动没有统一的目标和内容。幼儿自主选择活动内容和材料，与同伴和教师互动，以自我生成的方式进行活动。一般来说，以小组活动的形式进行幼儿园教育中的角落活动，做的游戏活动也比较接近幼儿的兴趣和需求。

幼儿园区角美术教育活动是一项适合幼儿兴趣和发展方向的艺术教育活动。区角活动中的美术教育活动主要以幼儿的兴趣和需求为导向，由幼儿自主选择和发起。有时教师可以通过具体的材料，引导幼儿进行与当前教学活动相关的美术活动。

（二）区角活动中的美术教育活动的设计

1．区角活动中的美术教育活动内容的设计

幼儿区角活动中美术教育活动的内容不仅可以由幼儿自发产生，而且是教学活动的延伸和拓展，还可以与课堂上的其他游戏相结合。在创作上，孩子们可以独立完成作品，也可以一起或小组完成；可以在同一天完成，也可以在一个阶段完成。例如，幼儿漫画的兴起之后，教师可以鼓励孩子们试图设计和制造卡通形象，利用模型进行装扮或通过泥塑进行绘画试着以自己的方式表达自己最喜欢的卡通图像。

2．区角活动中的美术教育活动环境与材料的设计

在区角活动的教育活动设计中，幼儿的年龄特点和需要应该结合起来，在课堂活动室开辟相对固定的艺术活动区，美术活动的材料和内容上要幼儿

自己选择。相对固定的是美术区域，可根据幼儿园活动室的场地大小和结构特点进行布置。在区域之间的划分时，要保证美术区有足够的采光。最好采用半开放式的模式（一侧或两侧都可以靠墙）。在设置上要能满足 6～8 名幼儿同时活动的区域需要。美术区域提供的工具材料可分为两类：常备工具和特殊工具材料。幼儿日常美术活动中使用的工具材料就是常备工具材料，如油画棒、水彩笔、画纸、油泥、泥板、泥模、彩纸、安全剪刀、胶棒、胶带等。这些一般摆放在美术区，以便孩子们可以在任何时候使用它们。另外，一些常见的废旧材料也可以固定并分类放在纸箱上，让孩子们可以根据自己的创意需求进行选择。这里所说的特殊工具和材料，是指根据主题教学的需要和儿童的兴趣，暂时或定期投入艺术领域的一些工具和材料，如石块、树根、宣纸、墨等。有丰富的工具和材料，区域内环境的布局也要充分地考虑到，需要提供给幼儿一个宽松、愉快、美丽的区域。例如，教师可以把一些适合儿童欣赏的杰作、工艺品或儿童作品放在艺术区，给儿童提供欣赏和学习的机会，让幼儿在这个过程不知不觉的获得审美舒适感。

3. 美术区角活动中教师的作用

美术区角活动中的幼儿园，幼儿活动的观察者和支持者是老师在此活动期间应该扮演的角色。在幼儿创造性活动的过程中，幼儿的意愿是非常重要的，老师应该尊重每一个幼儿，给予积极的鼓励和关注。如果孩子在创作中遇到问题，教师可以间接性地通过提供素材、引导观察、鼓励探索等方式进行幼儿引导，帮助孩子成功完成创作，从中体验到成功的喜悦，增强创作的信心。

总的来说，开放性和趣味性是在区角活动中的美术教育活动更注重的活动。它不仅为孩子们提供了一个自由创造和表达的小世界，也帮助孩子们真正成为他们表达生活和情感的另一种“语言”。

第三节　幼儿园美术活动实施

幼儿园美术教育的实施需要遵守一定的原则，还要注重方式方法才能保证活动实施的成效。

一、幼儿园美术教育活动的实施方法

为了达到美术教学的目的，教师与幼儿之间进行的一系列互动活动就

是幼儿园美术教育的活动方法。教育方法对幼儿园美术教育活动目标的实现起着重要作用。方法运用得当与否，直接关系到美术教育活动的效果的好坏。美术教育方法的种类很多，形式也多种多样，一般可分为语言传递信息的方法、引导接触的方法、直接感知的方法、引导探究的方法、欣赏活动的方法等。教师可以根据活动内容和幼儿的年龄特点、个性素质和能力差异的需要，灵活选择和使用各种方法。

（一）以语言传递信息为主的方法

在幼儿美术教育活动中，比较常用的幼儿园教学方法是教师通过语言给幼儿传达美术信息和对幼儿指导学习的教学方法。人与人之间最重要的交际工具就是语言，在教学过程中，它是比较重要的一种认知媒介，起到重要作用。

讲授法、讨论法和对话法等都是以语言传递信息为主的方法。

1. 讲授法

教师通过语言描述、讲解和解释，向幼儿传达信息，使幼儿获得艺术知识和技能的一种教学方法，就是这里说的讲授法。讲授法主要包括两种：讲述和讲解。

讲述的方法就是教师通过给幼儿形容出学习对象的特点或者给幼儿介绍艺术家作品的背景故事和意义。例如，在以西瓜为例子作画时，教师可以通过“身穿绿衣裳，肚里水汪汪，生的子儿多，个个黑脸膛”这个谜语生动地描述西瓜的典型特征，给孩子们留下深刻的印象。

讲解的方法就是教师用口头语言向儿童分析和解释艺术的基本概念或原理。例如，在泥工中解释什么是“团圆”和“扁平化”，在素描中向孩子们解释“屏蔽”的原理，在水墨画中向孩子们介绍中心和侧面的笔动方法。

幼儿教师在运用讲授法进行教育活动时有以下两点需要注意。

（1）艺术性。所讲授的语言应该是形象的、生动的、情感的、艺术的。这种讲授法主要是通过教师的口语和儿童的听力向儿童传递信息。要求教师具有较强的语言表达能力和组织幼儿听力的能力。如果教学方法运用不当，孩子会感到疲劳，对美术学习的热情和主动性会受到抑制。因此，教师应善于运用艺术语言，激发幼儿对文学作品、儿歌、故事等艺术活动的兴趣，激发幼儿的形象思维，激发幼儿的创造欲望。此外，在讲述和解释时，还可以辅以适当的肢体语言，通过眼神、手势、位移等方式传递无声的信息，吸引幼儿的注意力，调动情绪、渲染情绪、交流情绪等。

（2）科学性和教育性。教师的讲授内容应具有科学性和教育性。所说的科学性，是指对与之相关的美术概念、原理等解读必须准确，以避免孩子接收到错误的知识，教师的准确教学将使他们受益终生。教育意味着所教授的内容应该有利于孩子的身心健康发展，杜绝负面影响的语言出现。

2. 讨论法

所谓讨论法，是指教师引导幼儿讨论教学内容中的一个中心问题，以获得知识和经验的方法。讨论法在教学活动中的应用是合理的。因为所有的孩子都参与讨论活动，可以培养合作精神，促进互相学习、互相启发，加深对学习内容的理解，激发孩子的学习兴趣，提高他们分析和解决问题的能力。同时，这种讨论方法也有其不足之处。由于儿童语言表达能力、分析概括能力、抽象逻辑思维能力的局限性，更适合大班授课。

幼儿教师运用讨论法进行的教育活动时注意以下几点。

（1）做好充分的准备。教师应该做好讨论的准备工作。讨论的问题不仅要明确具体，而且要有吸引力。教师不仅要有丰富的知识储备，还要在必要时布置作业和问卷，为孩子的早期知识和经验做好准备。

（2）善于启发。启发和引导孩子进行讨论。一方面，要为孩子创造一个轻松的心理环境，鼓励孩子表达自己的观点，让孩子产生奇怪的想法。另一方面，教师不应急于下结论，而应鼓励孩子通过提问和提供线索与他们现有的经验建立联系。

（3）概括总结。教师可以根据幼儿的具体讨论情况进行总结。在总结时,不应只拘于标准答案,而是要对幼儿从多样性和开放性的角度进行总结。

3. 对话法

对话法的方法是幼儿、教师和美术作品之间的互动和相互交流的一种方法。德国的现代解释学美学大师迦达默尔觉得，在不断变化的条件下艺术作品的本身会出现。换句话说，艺术作为文本是无限开放的，艺术作品的意义不是固定的。对话法摒弃了传统的高主导、低整合的灌输方式。它使儿童、教师和艺术作品之间的关系不再是灌输和被灌输的关系，而是平等、对话和双向交流的关系。在教师与儿童对话的过程中，儿童不再是被动接受，而是积极参与。对教师提出的问题积极思考，培养和提高自己的独立思考能力，以及利用现有知识和经验获取新知识和解决新问题的能力。

同时，在幼儿语言的表达能力上有很大的发展空间。也就是说，幼儿的潜力将在不断的对话和碰撞中诞生和成长。

幼儿教师运用对话法进行教育活动时需要注意以下几点。

（1）平等关系。在基于对话法的教学活动中，对话双方的关系应该是平等的。教师不应该强迫孩子们接受权威性的结论或他们自己对艺术作品的看法，孩子们应该有自己的理解。

（2）语言上的启发和艺术性。师生对话一般会在问答过程中进行。因此，教师在提问时应注意运用启发性语言和艺术性语言。启发性语言可以帮助孩子开阔视野、启发智慧、提高分析和评价能力。例如，在教学时，教师可以用“为什么”“你感觉如何”这种开放式的语言提问，而不要用“如果”“看起来不好看”封闭式的语言提问。另外，教师应关注艺术性问题。问题不仅要简单明了，还要有引导和启发，给孩子们足够的思考和想象的空间。

（3）适时提问。教师和学生在对话的过程中，教师有必要伴随着适当的提问，并且在孩子们回答中发现有价值的部分进一步提问，以提高孩子的体验。例如，可以问“你感觉如何？”接着问“你感觉到了什么？”“屏幕上是什么？”“他们看起来像什么？”通过这样的提问，进一步提升孩子们的分析能力和理解能力。

（4）发问。不仅仅只有教师提问，引导孩子学会问问题也是非常重要的。客观地说，儿童发问的过程是儿童进一步澄清自己的想法，对问题的理解过程。因此，对于幼儿提出的问题，教师应积极对待、及时回应，进一步对幼儿正确引导。

（二）以指导练习为主的方法

幼儿在教师的指导下，进行各种形式的绘画、生产等实践活动，熟悉和掌握各种美术知识、技能和技巧指的是指导练习为主要的教学方法。在幼儿园教育活动中，引导与练习的方法以幼儿的实践活动为特征。其本质是通过实践活动，使幼儿对艺术的理解发展到一个较高的水平，将技能转化为技巧。教育心理学的相关研究结果表明，技能包括外部运动技能和内部心理技能。运动技能和心理技能是相互关联、相互依赖的。特别是艺术表现技巧的形成总是由心理技巧支配和调节的。艺术技巧不仅要靠语言的传递，还需要靠大量的实际的练习。

以指导练习为目的的教学方法主要侧重于儿童独立动手能力的练习，可分为模仿练习和创造练习。模仿练习是基于示例或教师演示的练习。在已有基础上，根据实践让孩子按照练习步骤自主地构思、加工、转化、生产和表现。练习方法可分为整体练习、分段练习和分步练习。根据数量的类型可分为个人练习、小组练习和全班练习。

练习的内容和形式虽然不一样，但练习对生产过程和工艺有一定的要求。他们不仅要简单、反复地重复动作技能进行技能练习，还要结合幼儿自主的创作实践，在动作技能的基础上进行创造性的表演。

运用练习法幼儿教师进行教育活动需要注意以下几点。

1. 有目的的指导

指导要有一定的目的性的是。第一，在每次练习前，教师应仔细设计练习活动的目标、内容、要求和过程，确定活动的方向，提高孩子们练习的意识和积极性。第二，要注重系统性、规律性的练习，引导孩子们循序渐进地练习。第三，在练习中开展导学，不仅要及时发现全班的共性问题，及时运用讲解、示范等方法进行指导，还要及时发现个性问题，有针对性地进行个别指导。

2. 多样化的方法

练习的方法是多样化的，简单的技能练习不能引起孩子们足够的兴趣。因此，我们可以通过改变主题和材料来练习同样的技能，或者通过游戏、比赛等方式来激发孩子们练习的兴趣。此外，我们还需要注意儿童创作的个性和创造力，积极鼓励孩子们进行有个性、有创造力的练习。

（三）以直接感知为主的方法

这里所说到的直接感知导向法，是指教师运用各种感官，通过实物演示、直观教具和儿童观察的组织，直接感知客观事物或现象，获取知识和经验的方法。基于直接感知的方法具有直观、具体、真实的特点，最能体现艺术学科活动的视觉特征。这些方法包括演示方法和观察方法两种类型。

1. 演示法

演示法在幼儿园美术教育活动中，主要是指教师通过展示各种实物、直观的教具、课堂演示或运用多媒体视听手段，使幼儿对事物和现象获得感性认识的方法。演示方法可以直观、形象地将要描述的形象或要制作的物体展现在儿童面前，在感性的认识上让儿童有具体、形象、真实的感觉。

在幼儿园教学活动中，有三种主要的示范方法。第一种是演示物体或模型、图片等，目的是使儿童对外部感性知识对事物或现象的认识。第二种是使用连续完整的模型、图片或幻灯片、视频等进行顺序演示，以使儿童理解对对象及其发展过程的描述和欣赏。特别是投影仪、幻灯片、录像等现代教学手段，可以突破时空的限制，使教材内容由静态变为动态，使抽象理论具体化。第三种是教师给儿童的制作和示范的动作。

幼儿教师在运用演示法进行活动时。需要注意以下几点。

（1）演示的对象要适当地选择。首先，演示对象要保证主题清晰生动，能突出所学内容的主要特点，并且容易帮助幼儿掌握对象形象的结构和基本特点；其次，展示对象应具有审美性和艺术价值，能够激发幼儿的审美兴趣和情感；最后，要有一定数量的展示对象，要能够从各个角度反映事物，启发孩子的思想，为他们对事物的创造性表现提供参考和借鉴。

（2）为演示选择正确的时间。演示时间应与教学内容的进展和儿童的接受程度相适应，与示范时间的长短相适当。当孩子们集中注意力时，最好展示相关的教具或演示，因为此时孩子们的大脑皮层具有倾听焦点刺激的优势。孩子们的注意力容易分散，太早会导致兴奋的优势焦点转移，太迟会降低效果，容易使内容与教具显示脱节。

（3）有机的结合陈述与讲解。例如，在绘画过程的演示中，仅凭例子是很难让孩子们了解其绘画过程的。为此，教师应将示范的内容与观察、讲解有机地结合起来。用演示对象进行讲解时，使用幼儿容易温和的接受的语言，力求简单容易懂、言简意赅、形象生动。这样，通过视觉感知和听觉获得的信息可以使儿童在特征和结构上有更好的把握。

2．观察法

在幼儿园美术教育活动中，在欣赏和创作中，观察是必不可少的。启发幼儿观察物体的形状、颜色和结构，以及事物之间的空间位置和关系，从而对事物有感性的认识，是幼儿艺术教育活动最基本的方法。在幼儿园美术教育活动中，观察方法可分为观察生活中的真实物体和观察物体的影像两类。

对实物的各种观察就是生活中对真实物象的观察。比如，在美术馆、博物馆、名胜古迹等文化艺术设施中组织幼儿欣赏艺术作品；组织儿童参观商场、超市、邮局和各种交通工具等；在郊游和徒步旅行中观察自然美景。观察生活中可以丰富儿童的审美体验和社会体验。

图片观察、多媒体课件观察等都是生活中的影像观察。图片观察是儿童借助图像和照片观察物象；另一种方法是多媒体课件观察是儿童通过再现静态或动态物象进行观察。

幼儿教师在运用观察法开始教学时需要注意以下几点。

（1）在观察上应该有目标。有目标的观察是孩子有目的地观察。观察前，应让孩子们观察清楚了解观察的对象，教师提出观察要求，有序地引导幼儿观察物象的结构、特征和颜色，引导孩子有意识、目的的观察，逐步引导孩子从无意识的观察开始转变。

（2）观察的对象要适当。教师应选择正确的观察对象。教师应根据儿童的年龄特点，选择能引起儿童观察兴趣的、色彩丰富的物体。教师还可以通过语言感染、游戏场景中激发孩子。

（3）正确的观察方法。教师应该教孩子们正确的观察方法。根据儿童往往忽视整体形象的特点，教师应引导儿童先观察整体印象，再观察局部特点，逐步学会从整体观察到分层观察的方法。此外，观察的效果可能因观察方式而异。例如，正常的眼睛注视和斜视的效果是不同的。教师可以根据具体情况调整视觉效果。

（四）以引导探究为主的方法

幼儿在教师的指导下，经过自觉的发现、探索、解决问题三个步骤的教学方法，就是所说的引导探究为主的方法。探究法的主要特点是，相关的艺术技能不是直接传授给孩子，而是通过相关的例子启发孩子找到问题的解决方法。在问题的探索和解决的过程中，可以充分发挥儿童的独立性，从而培养和发展儿童的探索能力、活动能力和创新能力。引导探究主要有两种模式，即探索法和尝试法。

1. 探究法

探究法是指幼儿利用教师提供的材料和线索进行“再发现”，从而掌握知识，培养创造性思维和发现能力的一种教学方法。

幼儿教师在运用探究法进行教学时需要注意的几点。

（1）教育理念的开放。为了让孩子真正想去探索，教师首先应该敞开心扉，比如，不要总是过于的担心“孩子如果做不到怎么办？”“出了问题又怎么办？”等等。教师的教育理念应是开放性的、多元化的对待儿童探究中的种种问题，期待问题的发生，进一步激发儿童解决问题的能力。

（2）设置情境。创造与活动主题相关的新颖独特的情境非常重要，这样更容易激发孩子的探索欲望。例如在“黑猫警长破案记”（印章画）的教学中，我们首先用孩子们最喜欢的黑猫警长的音乐来告诉孩子们今天的课堂丢失了什么，小偷在偷窃的过程中留下了自己的痕迹。现在让孩子根据“封印”找出被偷的东西，激发孩子积极寻找和探索的欲望。在尝试的过程中，了解印章画的操作方法。

（3）探索和讨论。在探究式教学中，要让孩子在问题的讨论中找到合适的答案，或者从收集的数据中找到解决方案，通过新的尝试解决困难。这是一个孩子积极探索、研究和解决问题的过程，更有可能发挥群体的集体智慧，合作克服困难。比如，有些孩子在“沙画”的学习中漏沙的方法比较难，要么漏不出来，要么太多的线漏不出来，教师可以把问题留给儿童自己解决，通过经验分享，可以集体克服这一困难。

2．尝试法

所谓尝试法，是指教师设置一种情境，让孩子在多次尝试后找到合理的方法或回答的一种教学方法。尝试法是一种发现性学习方法，其特点是“先试后导，先说后练，先教后学”。它从实验和实践开始。美国心理学家、教育家布鲁纳认为，发现行为有助于发展直觉思维能力、激发内在动机和学习自信。有时候孩子需要在自己操作和思考的基础上探索和学习。有了强烈的兴趣和动力，就会事半功倍。比如在“沙画”中，让幼儿探索很多沙画的方法，然后在操作中发现问题，找到解决办法。

一般来说，在幼儿园教育活动中，无论采取何种方式，都离不开教师对教学内容、教学目标和儿童发展水平的把握。根据实际的情况，各种教学的方法才会被教师灵活、全面地运用，教育活动才会更有效果。

（五）以欣赏活动为主的方法

所谓注重欣赏活动的方法，是指通过欣赏古典艺术作品、自然风光和社会生活中的美好事物，让儿童获得美感，提高审美能力和表达能力的方法。客观地说，艺术欣赏教育对于培养儿童的创造力、表达力、想象力和语言表达能力，培养儿童的自信和积极的情感态度具有重要作用，有以下五种方法。

1．对比法

对比法就是通过对作品的表现方法、形式和风格的比较，在能力上提高儿童对作品的欣赏和理解。

例如,《呐喊》是挪威表现主义画家蒙克的作品，他在创作中使用不同的技巧来表达相同的形式、相同的内容和相同的情感，如木刻作品《呐喊》（见图 2-1）和蛋彩画作品《呐喊》(见图 2-2)。孩子们通过比较这类相似的作品，在表现手法的视觉效果上孩子们会有不同的体验，即木刻画的简洁明快，则蛋彩画通过色彩可以更好地表达内心的感受。

幼儿教师在运用对比法进行教学活动的过程中，在作品的特征上一定要有明确对比，不然作用不会变化太大。同时需认真考虑作品展示的先后顺序，先后顺序的不同所带来的教育成效也是不同的。

图 2-1　木刻作品《呐喊》

图 2-2　蛋彩画作品《呐喊》

2. 动作模仿法

在幼儿园教育的艺术欣赏中，不仅仅有色彩、形象、线条等基本元素，还有作品中的表现形式，这也增加了幼儿艺术欣赏活动的难度。所以，幼儿园教师可以让幼儿通过自己的身体动作来模仿和表达作品的一些特点，从而达到对作品内涵的深刻体验和理解，这也是培养幼儿艺术欣赏能力的更有效的方式。

在教学活动中使用动作模仿法时，幼儿教师应该模仿对理解作品起关键作用的动作，而不是所有动作，否则不仅浪费时间，孩子的注意力也会被分散。

3. 情境法

情境教学法是教师根据艺术活动的需要，为儿童创设生动的学习情境，使儿童沉浸其中，激发相应的情感和态度，促进儿童学习的一种方法。教师应创造与作品相关的场景，或将儿童带入作品所表达的自然场景中，以丰富儿童的感性体验，使其感受身临其境的美。

幼儿教师在教学活动中运用情境教学法应注意以下三点。

首先，为灵感而不是表面的兴奋创造环境。创设情境应帮助儿童从多层次、多角度理解和探索作品所蕴含的价值，从而更好地为活动目标服务。

其次，所创造的情境应该与所欣赏作品的情感基调相匹配。

最后，创设的情境必须新颖多变，能激发孩子的好奇心和学习兴趣。

4. 音乐匹配法

“绘画是一种视觉的音乐”是出生于俄罗斯的法国画家和美术理论家康定斯基曾说过的。康定斯基的观点表明，艺术和音乐是内在联系的。客观地说，选择正确的音乐，确实可以帮助孩子打开思考的窗口，接近作品。这是提高幼儿艺术欣赏水平的有效途径。

例如，欣赏俄罗斯画家希施金的艺术作品《橡树・傍晚》，为了让孩子们充分欣赏作品中弥漫着阳光、清新树木等自然气息，可以选择格里格的音乐作品《清晨》作为背景音乐。在这优美的音乐和流淌的光线中，孩子们想象着仿佛“走进”画中的橡树林，感受阳光，感受森林里的新鲜空气。

再比如，在欣赏徐悲鸿的经典作品《奔马图》时，可以为孩子们播放《赛马》音乐和《奔马》视频，通过视听的方法让孩子们充分体验到草原马的自由、欢乐、无忧无虑的状态草原马的奔跑，立刻让孩子们进入到充满激情、豪放和兴奋的气氛中。

需要特别说明的是，教师在选择音乐的过程中，音乐内容要尽可能与活动的意境和情感基调相匹配。这就要求教师自身对作品所表达的意境和情感基调有更准确的把握，从而在大量的音乐作品中选择与之相匹配的音乐。此外，教师应善于积累各种风格的音乐作品和表达方式，以便需要的时候使用。

5. 联想法

所谓联想法，是指引导幼儿积极、大胆地想象作品，从而更好地理解作品中所表达的情感。在审美想象的过程中，儿童的情感随着具体的可感知形象而变化，不受时间和空间的限制，形成物我不分的状态。他们觉得自己就是客体，客体就是他们自己。他们在现实与超现实的境界中生活、体验、分享，实现物与我的遗忘，获得审美享受。

例如，在幼儿园艺术教育活动中，教师组织孩子欣赏齐白石的艺术作品《蛙声十里出清泉》（见图 2-3），可以引导孩子进行相关的联想，如“泉水从何而来？它去哪里了？蝌蚪来自哪里？它去哪里了？青蛙在哪里？当我们闭上眼睛时，我们在这张图片中能听到什么声音？”从山泉和蝌蚪中想到青蛙，青蛙和蝌蚪再与山泉流水的声音相联系，形成一首动人的交响乐。

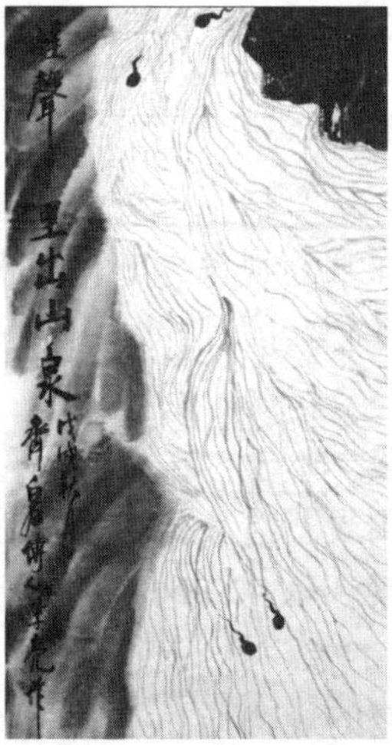

图 2-3 齐白石作品《蛙声十里出清泉》

幼儿教师在教学活动中运用联想法时，应注意创设情感基调，如创设情境、教师的语言表达、音乐表达等。

二、幼儿园美术教育活动实施的原则

大家都知道的是，在视觉上产生的艺术就是美术，它具有视觉艺术的直观性和具体性，其形象表现是静态的，对材料有着特殊的依赖性，这就决定了艺术教学的特点，如教学的直观性、形象思维的自主性、创造性思维的特殊性等。幼儿园艺术教育活动应结合艺术教育本身的特点、幼儿园艺术教育的目的、儿童身心发展的特点，确定符合自身规律的原则。幼儿园艺术教育活动的原则是幼儿园艺术教育全过程必须遵循的基本要求和指导原则。具体而言，审美性原则、个性化原则、愉悦性原则、主动性原则和创造性原则的这五个原则是幼儿园美术教育活动应该遵守的。

（一）审美性原则

所谓审美性原则，是指在美术教育中，教师根据幼儿的审美心理特点，引导幼儿发现事物所蕴含的美，激发幼儿的审美热情，形成美的形象，使对美的发现和感受贯穿于观察的各个环节，并欣赏和创造。

1．审美性原则的制定依据

（1）艺术最重要的社会功能。美术具有认知功能、教育功能和审美功能。所谓认知功能，是指通过艺术作品了解不同时代、不同民族、不同文化、不同社会制度下的人们的生活、行为、历史、习俗等。教育功能是指艺术作品的内容和主题对受众的思想道德影响。审美功能是指培养人分辨、敏感、感知美的事物和形式美的能力。在艺术的上述三种功能中，艺术的审美功能是其他社会功能的基础。没有审美功能，其他社会功能就没有支撑。

（2）艺术教育的本质特征。美术教育的本质特点决定了审美性。对于幼儿来说，美术教育不同于其他学科。在幼儿园艺术教育活动中，孩子们除了通过学习获得一定的知识和技能外，还被带到了一个美丽的世界，使他们的情感更加丰富，创造美的能力也得到了发展，这是艺术教育在所有教育中的独特优势。因此，应该重视其美术教育中的审美教育。

一般来说，以下是审美过程的三个阶段，即审美准备阶段、审美体验阶段和审美效果阶段。在美术教育实践中，审美体验可能带来两种效果，即审美效果和创造效果。当人们用自己内心的情感对外在事物做出反应时，内心就会产生一种审美体验，产生审美判断和更高的审美需求，产生更高雅的审美情趣和更丰富的情感生活。在这个过程中，只要有一点美术创造力，就会激发创作的冲动，在时间和物质材料允许的条件下，就可以进入创作，创作出美学作品。因此，在幼儿园美术教育活动中，要以美的事物和方式激发幼儿的观察、想象和创造冲动，以美的方式激发幼儿的活动热情，使其贯穿于美术活动的各个环节。这种方法不仅是把审美作为促进儿童参与艺术活动的手段，也是艺术教育的目的。因为儿童在不断地体验美和创造美的过程中，审美情趣和创造美的能力都会得到提高，内心的情感世界丰富起来，好的作品创作需要富有生动的感情。

2．审美性原则的具体要求

（1）对审美对象审美特征的感知。幼儿园美术教育活动的审美原则要求幼儿教师在美术教育活动中引导幼儿感知审美对象的审美特征。著名的美学家阿恩海姆认为，观看一件艺术品是为了观察他最突出的一些特征，即事物的审美特征，从而唤起人们的记忆，获得对事物的完整形象。在幼儿园美术教育活动中，教师在引导幼儿欣赏时要注意欣赏对象的形式美特征。例如，在欣赏西班牙画家米罗的作品《小丑的狂欢》时，教师不仅要引导幼儿欣赏作品的内容，还要引导幼儿欣赏作品的色彩、线条、构图等形式美元素。

（2）创造一个合适的环境。幼儿园艺术教育活动的审美原则也要求创设满足和提高幼儿审美需要的艺术教育环境。儿童日常生活和学习环境的创造应符合和提高儿童的审美需求和兴趣。例如，你可以向孩子展示各种情感色彩的艺术或一些具有形式美的自然物体，让孩子经常接触到美的事物，让孩子直观地感受到美的物体。让孩子经常处于审美环境中，不仅有利于提高他们的审美能力，也有利于发挥他们的审美创造力。

（二）个性化原则

幼儿园艺术教育活动实施的所谓个性化原则，是指在美术活动中，教师根据每个孩子发展的个性特征，为每个孩子选择合适的学习内容和方法，尊重孩子的独特想法和表现，能够促进幼儿的艺术个性上的健康发展。

1. 个性化原则的制定依据

从本质上来说，美学的活动是比较个性化的，我们不能强求一致性。幼儿园艺术教育要从培养和塑造完善人格的高度来实施，个性化的培养对人格的形成、发展和完善起到积极的作用。艺术个性的培养最重要的是“真”，即反映本能和个性。儿童的艺术作品是他们天真无邪思想的自然表达。虽然他们是幼稚和简单的，但是幼儿的创造力和想象力是如此的大胆和真诚，他们的这些行为是大人无法达到。

幼儿是具有独特个性的个体。幼儿教师应该做的是尽可能地激发他们的创造力。在幼儿园的美术教育活动中，教师不能盲目地灌输给孩子们如何掌握各种与美术相关的技能，美术教育不仅仅是对一个小画家的简单训练，而是要让孩子们感受美、发现美、创造美。因此，教师应该为孩子们提供一个自由、放松的空间，让孩子们充分发挥自己的创造力，在孩子们遇到困难时给予必要的鼓励、启发和引导，使孩子们的个性得到充分发展。

2. 个性化原则的具体要求

（1）有利于儿童个性发展的环境。目前，在我国学前教育领域，有大量的幼儿园儿童害怕幼儿教师。针对这种情况，幼儿教师应该给孩子一种安全感，营造和谐、幽默、舒适的氛围，使环境成为适合孩子个性发展的土壤。

（2）活动形式、方法和评价手段多样化。幼儿园美术教育活动的形式可以多种多样。在为幼儿提供足够的工具和材料的前提下，幼儿教师也可以在组织形式上进行创新。除了让幼儿以个人、团体、集体等形式开展艺术活动外，如果条件允许，教师还可以组织幼儿在大自然中写生，这样可以更好地增强幼儿对周围事物的观察理解，极大地丰富他们的感性经验。

在幼儿园艺术教育活动中，多元化的评价不仅能促进幼儿人格的和谐发展，而且具有内在动力。正如“水可以载舟，也可以覆舟”，幼儿艺术教育的评价也是如此。从客观的角度来看，评价并不总是积极的。只有促进儿童的健康发展，正确、恰当的评价才是最有价值的，否则效果只会适得其反。与其他学科相比，艺术教育最突出的特点是表现性、多样性和个性。艺术教育与其他学科教育存在着明显的差异，突出表现为对艺术创作缺乏统一的回答。在艺术创作活动中，教师应采取多种评价方法，尊重儿童的个人思想和表现，从而促进儿童的创造力和探索欲望。

（三）愉悦性原则

幼儿园美术教育活动的所谓快乐原则是指整个美术教育活动的过程应该是一个充满快乐的过程。一方面，在活动过程中，教师运用游戏等幼儿喜爱的方式，使幼儿在无拘无束、轻松的气氛中积极、创造性地参与艺术活动；另一方面也说明在活动的过程中，教师和幼儿都处于一种快乐的状态，都感到对这些很感兴趣。

1．愉悦性原则的制定依据

根据心理学的相关研究结果，人类的行为直接受到兴趣、爱、喜、怒等情感的驱动。同时，这种情绪又可分为积极情绪和消极情绪。积极的情感，如快乐、爱、喜欢，往往伴随着愉快的主观体验，因为它们与某种需求的满足有关，可以提高人的积极性和活动能力。在幼儿园美术教育活动中，教师要尽力让幼儿用自己喜欢的方式画出自己喜欢的东西，画的内容是他们真正愿意表达的对象。这样做的目的是把孩子们喜爱的、快乐的、自由的情绪变成一种积极的驱动力，让孩子们感兴趣。

在幼儿园美术教育活动中，让幼儿运用一定的绘画造型手段，表达与生活、经历密切相关的情感。这是一个唤起他们心中所喜爱的、渴望的、深刻的事物的情感，并以绘画的形式再次展现出来的过程。这个过程是儿童内在情感需求的外化，因此是愉悦的、快乐的。

2. 愉悦性原则的具体要求

（1）使用生动的游戏语言。在幼儿园美术教育活动中，教师以嬉戏的方式引入教育内容，更能激发幼儿的参与兴趣。一般来说，儿童活泼易模仿，其行为多受情感支配。因此，在活动中，教师首先要从激发幼儿兴趣入手，赋予幼儿适当的角色，即以游戏、故事的形式进行话题引导，激发幼儿参与活动的兴趣。例如，在“猪”艺术绘画活动中，教师首先为孩子们猜出一个谜语：大耳朵，小尾巴，睡觉，打呼噜，这个小动物是什么？猜声之后，大家开始玩“猪睡觉”的游戏。轻松有趣的音乐激发了孩子们画猪的欲望，谜语的内容也阐明了猪的一些主要特征。在幼儿园美术教育活动过程中，教师也可以用有趣的语言引导幼儿从头到尾参与活动。儿童思维属于直觉动作思维，因此，一开始他们甚至对创作很感兴趣，但后来很容易被其他东西吸引，不愿意画几笔。这时，教师可以用生动有趣的游戏语言对孩子进行提示、引导或鼓励。例如，有一次在画鱼活动中，孩子苗苗画了一条鱼，举手对老师说：“老师，我不想再画了。”这时，老师没有强迫她继续画下去，而是用不同的语调说：“哦，这条鱼是如此美丽，但它没有朋友陪伴它。多么孤独啊。你可以帮它找几个朋友吗?”她点了点头，又开始认真画画了。

（2）提供丰富有效的材料。幼儿在学习过程中的主动性和被动性从根本上取决于其主观能动性的发挥，而主观能动性的发挥往往与环境提供的有利机会和条件有关。在幼儿园艺术教育活动中，当教师为幼儿提供丰富有趣的材料时，幼儿往往会被材料所吸引，主动操作材料，参与教育活动。由于孩子的小肌肉不发达，动手操作能力差，因此，教师只有为孩子提供丰富有趣的画面，才能使画面产生良好的素材效果，才能使孩子不仅对艺术活动感兴趣，而且让他们轻松成功，并使画面产生良好的效果。美术课在“玩”游戏的过程中使孩子感受到丰富有趣，绘画是会使人快乐的。

（四）活动性原则

关于幼儿园艺术教育活动实施的活动性原则，是指让幼儿在实践中、在具体的艺术活动中培养艺术素养。

1．活动性原则的制定依据

中国《幼儿园教育指导纲要》指出，艺术活动要想让孩子有兴趣参加，孩子可以在情感和体验上大胆的表现，可以用自己喜欢的方式进行艺术表达活动。所以，幼儿教师应积极引导幼儿参与艺术实践，培养幼儿的艺术能力和实践兴趣。尽可能地提供更多的机会和条件，给孩子选择的自由，让孩子选择自己喜欢的方式，真实、生动地表达自己的感受和经历，从而使自己的表演具有明显的个性化特征。使孩子的满足感和成就感都充分表达出来。

艺术素养在艺术教育上不仅有助于培养儿童，而且有助于培养儿童健康丰富的情感世界。艺术教育离不开儿童的艺术实践。儿童艺术创作是审美感知和审美想象的外化。创作过程中的发现与反思将进一步促进审美感知能力的发展。例如,在艺术创作活动中孩子们可以学习生活秩序的组织原则，如对比与和谐、节奏与韵律、对称与平衡、多样化和统一，也可以理解形状、颜色和质地不同的艺术作品，如水粉画水墨画、线条画与素描、拓印、泥塑与沙画、指画与吹画等的区别，还可以了解不同创作形式、材料选择与情感表达之间的关系。在形式多样、材料丰富的艺术作品的创作活动中，可以很好地增强儿童的审美能力和审美情趣。

2．活动性原则的具体要求

（1）让审美渗透到其他领域。在传统的美术教育活动中，更注重技能和技能培训，其他领域的活动很少与之相联系。幼儿园教育指导纲要明确要求“各领域内容相互渗透”。我国目前的幼儿园教育也应该为此而努力。美术教育和各个领域的教育要通过各种途径相互渗透。例如，在“毛毛虫”游戏中，孩子们模仿毛毛虫，在音乐的伴奏下吃、睡、脱衣服，最后变成一只美丽的蝴蝶。孩子们用绘画来表达这个过程。在活动中，孩子们随着音乐的节奏表演，享受毛毛虫变蝴蝶的快乐，了解和感受毛毛虫变蝴蝶的步骤，并画出过程。这样，美术活动往往与科学、社会、语言、健康等活动相结合和渗透。这就要求每一位幼儿园教师都要加强学习，扩大知识，渗透各个领域之间的教育。

（2）为所有儿童提供开展美术活动的机会。幼儿园美术教育的目标是培养每个孩子美丽的情感和心灵，促进每个孩子人格的健康发展。在幼儿园美术教育活动中，教师可以将绘画活动融入日常生活，为孩子的创作活动提供更多的机会。绘画工具和材料可以放置在各种活动角落和游戏区，便于孩子们随时创作。例如，在“美理发店”活动中，孩子们可以为顾客设计发型，并绘制卡片供他们选择。“小餐馆”为客人准备食物，画鸡、鸭、鱼、虾、蔬菜等，并为孩子们在活动中展示美术才华提供机会。通过这些活动，不仅可以提高孩子们参与各种角落活动的兴趣，还可以为孩子们提供更好的动手和思维创新活动的机会。此外，教师应自觉为孩子创造成功的机会，并采取积极鼓励和引导的教育方法，孩子参与美术活动的积极性需要激发。

（五）创造性原则

所说的幼儿园美术教育活动的创造性原则，是指教师根据美术活动的特点和对幼儿创造潜能的理解，注重在美术活动过程中为幼儿创造一种创造性的氛围。通过多种形式丰富儿童形象，可以使幼儿美术创造的主动性得以培养。

1. 创造性原则的制定依据

（1）创造的潜力是幼儿生来就具备的。西班牙现代著名画家毕加索曾经说过：“孩子是天生的艺术家”。其实，每个孩子都是艺术家。儿童美术是儿童心理世界的真实表现。在他们小小的身体里，蕴藏着巨大的美术潜能。艺术潜能是指儿童能够吸收和表现艺术的形式和构成要素的潜在可能性。它们不受功利目的的支配，而只是表达自己的理解、想象、欲望或情感。在幼儿园美术欣赏活动中，大多数幼儿园幼儿都可以通过对画面的整体感知和元素分析来体验美术作品所传达的特殊情感和美。孩子和艺术家是血脉相连的。他们是文艺女神缪斯本能的承担者。他们本能地感到缪斯的天性中所固有的那种急迫的冲动。这些功能自然存在于儿童身上，并在诗人、画家、雕塑家和作曲家身上艺术地表现出来。由此可见，儿童美术具有不可忽视的潜力。

（2）创新是美术的生命力。从根本上来说，首先创造是一个过程，是美术的基本特征。在幼儿园美术教育活动的实施过程中，幼儿经常使用线条、图形和色彩，以艺术形象的形式表达自己的体验、印象和情感。这个表达过程就是创造。作为幼儿园教育的教育家，幼儿园教师有必要将幼儿的艺术体验从感知、探索、思考引导到作品创作的全过程。教育者提供的教育手段和环境可以引导儿童进入一个创造的过程。

2. 创造性原则的具体要求

（1）营造有利于激发幼儿创造意识的环境。要在幼儿园美术教育中贯彻创造性原则，教师应尊重幼儿个性化的思想和问题，肯定幼儿思想的价值，为幼儿创造宽松的心理氛围，而不是用成人固定的思维方式和思维方式来限制幼儿，敏锐地捕捉他们创造性思维中的闪光点。在这种轻松的心理氛围中，孩子们消除了胆怯和依赖的心理，积极参与美术活动,积极探索和思考,充分发挥自己的创作潜能。《幼儿园教育指导纲要》指出，幼儿的创作过程和作品是幼儿表达理解和情感的重要途径；支持儿童的个性化和创造性表达，克服过分强调技能和标准化要求的偏见。现阶段，我国幼儿园美术教育活动应以培养幼儿的创造意识、创造能力和创造人格为主要任务。

（2）丰富孩子们的经验。毫无疑问，丰富的经验是人们从事美术创作的原材料。在幼儿园美术教育活动中，丰富幼儿的体验有利于幼儿的艺术表现和创作。幼儿园的孩子处于生命的早期阶段。由于各方面能力发展的局限性，他们主要通过感官体验外在形式和美术形式，从而获得情感体验和理解，并通过不断的同化和适应积累丰富的情感。对于校园儿童来说，无论是美术鉴赏活动还是创作评价活动，无论是对其创作活动的构思和实践，还是对美术作品所体现的极其丰富的情感理解，都极大地影响着幼儿对美的感知和体验。因此，我们必须关注儿童的感知和体验。在幼儿园美术教育活动中，以下几点就是教师需要在丰富幼儿审美中需要做到的。

首先，让孩子们参与幼儿园日常环境的布局。儿童的判断能力是通过与生活环境中的各种因素相互作用而发展起来的。在儿童的成长过程中，环境具有无声的教育功能。当环境具有“教师”的含义时，它就成为一种教育力量。让孩子们参与到日常环境的创造中，让他们体验成功的喜悦，珍惜并善于发现身边的美，让审美情感在孩子的身体中长久存在。因此，教师应该鼓励和创造条件，让孩子们发展他们的自主性和创造力，在生活中美化他们，丰富他们。

其次，引导幼儿体验和感受世界，使幼儿的感官活动适应客观世界中对称、平衡、韵律、和谐的美丽图案，形成对这些图案的选择和共鸣的敏锐能力。无论是生命的思想和语言的源泉，还是生命美的源泉都是大自然的存在。孩子们将在与自然的交流中得到美好的教育和熏陶。在与自然温暖的怀抱中，孩子们会受到美的影响，这极大地丰富了他们的想象力。因此，大自然的审美价值我们应该充分重视起来。

最后，审美的体验需要幼儿在日常外出的活动中积累。在幼儿园美术教育活动中，老师应该通过让孩子接触博物馆、展厅、街道、商店、公园、动物园等，结合具体环境用生动的语言描述感知对象，用励志的语言引导孩子思考、想象，引导孩子感知事物，景色的色彩、形态以及节奏韵律等审美属性，感受美丽事物带来的愉悦，增强对事物美的感受。

第三章　幼儿园创意美术教育的基本依据

第一节　国家文件精神

2020年10月15日，中共中央办公厅、国务院办公厅印发《关于全面加强和改进新时代学校美育工作的意见》（以下简称《意见》），这是继2015年9月15日国务院办公厅印发《关于全面加强和改进学校美育工作的意见》（以下简称“国办《意见》”）之后出台的第二个国家层面的美育文件。5年之内，国家连续出台重要文件对美术教育的发展进行指导，表明了国家教育部门对美术教育的重视。2020年《意见》无论从发文规格、发布时间，还是文件内容看，可以说是2015年国办《意见》的加强版和升级版，是一个具有鲜明新时代特征、全面推进学校美育改革发展的纲领性文件和行动指南。

一、《意见》的出台背景

《意见》第一段开宗明义：“为贯彻落实习近平总书记关于教育的重要论述和全国教育大会精神，进一步强化学校美育育人功能，构建德智体美劳全面培养的教育体系，现就全面加强和改进新时代学校美育工作提出如下意见。”这段话是对《意见》出台背景的分析和介绍，可以说，这段话简明、清晰地表明了《意见》出台的基本背景。通过研读《意见》文本，并结合当前我国教育发展新形势特别是新时代学校美育改革发展的新要求，《意见》的出台主要有以下两个方面的背景。

一是贯彻落实习近平总书记关于教育的重要论述特别是美育的指示精神，需要出台《意见》。2017年10月18日，习近平总书记在中国共产党的十九大报告中提出了中国发展新的历史方位，即中国特色社会主义进入了新时代。这对整个教育事业发展来说，意味着新机遇、新挑战、新要求。美育是德智体美劳全面培养教育体系的重要组成部分，学校美育工作是立德树人、培根铸魂的事业。习近平总书记对美育工作十分重视，从2018年8月给中央美术学院8位老教授的回信中提出“做好美育工作，要坚持立德树人，扎根时代生活，遵循美育特点，弘扬中华美育精神，让祖国青年一代身心都健康成长”，到同年 9 月在全国教育大会上强调“要全面加强和改进学校美育，坚持以美育人、以文化人，提高学生审美和人文素养”；从 2019 年 3 月全国“两会”期间看望文艺界社科界委员时对文化文艺工作提出明确要求，到 2020 年 9 月在教育文化卫生体育领域专家代表座谈会上再次强调要加强和改进学校美育，再到 2020 年 10 月给中国戏曲学院师生回信勉励“在教学相长中探寻艺术真谛，在服务人民中砥砺从艺初心”，可以说，习近平总书记对如何做好新时代学校美育工作做出了一系列重要指示，并提出了明确、具体要求。而要切实贯彻落实习近平总书记关于学校美育工作的系列重要指示精神，进一步强化学校美育育人功能，构建德智体美劳全面培养的教育体系，国家必须出台一个具有权威性、方向性、针对性的关于全面加强和改进新时代学校美育工作的文件，对新时代学校美育工作做出顶层设计和整体谋划，明确今后一个时期学校美育改革发展的目标，并对各地各学校开展美育工作提出明确具体要求。唯有如此，习近平总书记关于学校美育工作的系列重要指示和全国教育大会精神才能得以真正落实、落地和落细。

二是衔接国办《意见》并适应新时代背景下学校美育改革发展的新要求，需要出台《意见》。2015 年国办《意见》的印发具有里程碑式的意义，作为第一个国家层面的美育文件，它的出台直接成就了我国学校美育史上取得跨越式发展的 5 年（2015－2020 年），主要表现为学校美育工作育人导向更加凸显，课程建设稳步推进，实践活动丰富多彩，资源保障持续向好。国办《意见》提出了未来五年的发展目标：“到 2018 年，取得突破性进展，美育资源配置逐步优化，管理机制进一步完善，各级各类学校开齐开足美育课程。到 2020 年，初步形成大中小幼美育相互衔接、课堂教学和课外活动相互结合、普及教育与专业教育相互促进、学校美育和社会家庭美育相互联系的具有中国特色的现代化美育体系。”这也意味着，国办《意见》实际上是对 2015－2020 年这五年我国学校美育工作的总体部署。通过全国上下各个方面、连续五年的共同努力，可以说这个总体发展目标已经基本实现。学校美育工作下一步应该确立怎样的发展目标，明确怎样的发展思路，采取哪些改革举措等，都需要从国家层面进行顶层再设计。因此，在 2020 年这个时间节点上，针对新时代学校美育发展的新机遇、新挑战、新要求，出台新时代背景下的学校美育工作文件必要且紧迫。

二、《意见》的主要特点

认真学习研读《意见》，深刻领会其精神实质，《意见》体现出如下四个主要特点，从这几个特点中也可以了解《意见》的整体研制思路以及美育改革发展思路。

（一）顶层设计站位高

《意见》明确提出：以习近平新时代中国特色社会主义思想为指导，全面贯彻党的教育方针，坚持社会主义办学方向，以立德树人为根本，以社会主义核心价值观为引领，以提高学生审美和人文素养为目标，弘扬中华美育精神，以美育人、以美化人、以美培元，把美育纳入各级各类学校人才培养全过程，贯穿学校教育各学段，培养德智体美劳全面发展的社会主义建设者和接班人。这既是全面加强和改进新时代学校美育工作的指导思想，也体现了《意见》作为国家对美育工作进行顶层设计的最高站位，那就是以习近平新时代中国特色社会主义思想统领学校美育改革发展。可以说，《意见》很好地对标习近平总书记关于教育工作的系列重要讲话和全国教育大会精神，对学校美育工作进行了再认识、再设计、再推进，特别是进一步强化了学校美育育人功能，强调构建德智体美劳全面培养的教育体系，大力培养社会主义建设者和接班人。

（二）发展目标定位准

《意见》从两个时间节点上明确了学校美育发展的近期和中期目标。第一，到 2022 年，学校美育取得突破性进展，美育课程全面开齐开足，教育教学改革成效显著，资源配置不断优化，评价体系逐步健全，管理机制更加完善，育人成效显著增强，学生审美和人文素养明显提升。这一目标最引人注目的一点是强化了美育工作的育人成效，凸显了提高学生审美和人文素养的目标要求，这是与 2015 年国办《意见》发展目标的不同之处，属于新增的目标内容。第二，到 2035 年，基本形成全覆盖、多样化、高质量的具有中国特色的现代化学校美育体系。这是《意见》所确立的新时代学校美育改革发展的中期目标，这一目标与 2019 年 2 月中共中央、国务院印发的《中国教育现代化 2035》所提出的“到 2035 年，总体实现教育现代化，迈入教育强国行列”的目标相对接，相呼应。这也表明，全覆盖、多样化、高质量是学校美育现代化的基本标志，也是下一阶段学校美育工作的奋斗目标，这一目标必须在 2035 年实现。所谓全覆盖，即要实现面向人人、让每一个学生都能享有接受公平的美育机会的目标；多样化，即要实现充分满足学生多元化审美生活需求的目标；高质量，则是要实现全面发展培养体系的高水平和以美育人、以文化人的育人高质量。可以说,《意见》为美育现代化构建了一个清晰的蓝图。无论是近期目标对美育工作提出的具体要求还是中期目标对美育现代化的基本构想,《意见》确立的目标定位是科学、准确、务实的，既明确了当前学校美育的工作重点，也明确了未来学校美育的改革发展方向。

（三）问题导向思路清

如前所述，中国共产党的十八大以来，特别是 2015 年国办《意见》印发以来，学校美育实现了跨越式发展，取得了历史性成就。但总体上看，美育仍然是整个教育事业中的薄弱环节，是德智体美劳全面培养教育体系中的一块短板，学校美育的发展水平和改革步伐与素质教育的要求还不相适应，与推进教育现代化的要求还不相适应，与培养德智体美劳全面发展的社会主义建设者和接班人的育人目标还不相适应，学校美育还不能充分满足广大学生享受公平、优质美育教育的期盼和要求。尤其是在美育课程开课率与学生活动覆盖率、美育师资队伍和场地器材设备建设、美育评价制度建设等方面还存在着许多问题和差距。为此,《意见》基于问题导向，厘清改革思路，聚焦和针对现阶段学校美育改革发展存在的开课率不高、活动受益面小、师资不够、场地不足、评价不硬等突出问题，找准突破口和落脚点，明确改革发展的重点任务，在课程教学、活动开展、队伍建设、条件改善、评价机制等现有工作基础成果上，提出进一步的改革举措，以此推进新时代学校美育迈上新台阶。

（四）实施路径措施实

《意见》不仅从指导思想、工作原则、主要目标三个方面提出了新时代学校美育工作的总体要求，凸显了美育的价值功能，明确了新时代学校美育为什么要全面加强和改进，而且还明确提出了加强和改进什么，如何加强和改进的实施路径和具体措施。这些路径和措施聚焦问题，目标明确，既有清晰的理念，更有具体的做法，针对性、操作性强，易于贯彻落实和落地，包括如何完善美育课程与教材体系、如何全面深化美育教学改革、如何着力改善美育办学条件、如何切实加强组织保障等，既有课程、教学、条件、保障四个方面工作全面推进的整体、宏观布局，又提出了每个方面工作的改进思路、实施路径、基本举措与具体做法，这些都是全面加强和改进新时代学校美育工作的真招、实招和硬招，而且这些实施路径和具体举措都有着鲜明的新时代特征和重要创新价值。

三、《关于全面加强和改进新时代学校美育工作的意见》全文

美是纯洁道德、丰富精神的重要源泉。美育是审美教育、情操教育、心灵教育，也是丰富想象力和培养创新意识的教育，能提升审美素养、陶冶情操、温润心灵、激发创新创造活力。为贯彻落实习近平总书记关于教育的重要论述和全国教育大会精神，进一步强化学校美育育人功能，构建德智体美劳全面培养的教育体系，现就全面加强和改进新时代学校美育工作提出如下意见。

（一）总体要求

1. 指导思想

以习近平新时代中国特色社会主义思想为指导，全面贯彻党的教育方针，坚持社会主义办学方向，以立德树人为根本，以社会主义核心价值观为引领，以提高学生审美和人文素养为目标，弘扬中华美育精神，以美育人、以美化人、以美培人，把美育纳入各级各类学校人才培养全过程，贯穿学校教育各学段，培养德智体美劳全面发展的社会主义建设者和接班人。

2. 工作原则

——坚持正确方向。将学校美育作为立德树人的重要载体，坚持弘扬社会主义核心价值观，强化中华优秀传统文化、革命文化、社会主义先进文化教育，引领学生树立正确的历史观、民族观、国家观、文化观，陶冶高尚情操，塑造美好心灵，增强文化自信。

——坚持面向全体。健全面向人人的学校美育育人机制，缩小城乡差距和校际差距，让所有在校学生都享有接受美育的机会，整体推进各级各类学校美育发展，加强分类指导，鼓励特色发展，形成“一校一品”“一校多品”的学校美育发展新局面。

——坚持改革创新。全面深化学校美育综合改革，坚持德智体美劳五育并举，加强各学科有机融合，整合美育资源，补齐发展短板，强化实践体验，完善评价机制，全员全过程全方位育人，形成充满活力、多方协作、开放高效的学校美育新格局。

3. 主要目标

到 2022 年，学校美育取得突破性进展，美育课程全面开齐开足，教育教学改革成效显著，资源配置不断优化，评价体系逐步健全，管理机制更

加完善，育人成效显著增强，学生审美和人文素养明显提升。到 2035 年，基本形成全覆盖、多样化、高质量的具有中国特色的现代化学校美育体系。

（二）不断完善课程和教材体系

1. 树立学科融合理念

加强美育与德育、智育、体育、劳动教育相融合，充分挖掘和运用各学科蕴含的体现中华美育精神与民族审美特质的心灵美、礼乐美、语言美、行为美、科学美、秩序美、健康美、勤劳美、艺术美等丰富美育资源。有机整合相关学科的美育内容，推进课程教学、社会实践和校园文化建设深度融合，大力开展以美育为主题的跨学科教育教学和课外校外实践活动。

2. 完善课程设置

学校美育课程以艺术课程为主体，主要包括音乐、美术、书法、舞蹈、戏剧、戏曲、影视等课程。学前教育阶段开展适合幼儿身心特点的艺术游戏活动；义务教育阶段丰富艺术课程内容，在开好音乐、美术、书法课程的基础上，逐步开设舞蹈、戏剧、影视等艺术课程；高中阶段开设多样化艺术课程，增加艺术课程的可选择性；职业教育将艺术课程与专业课程有机结合，强化实践，开设体现职业教育特点的拓展性艺术课程；高等教育阶段开设以审美和人文素养培养为核心、以创新能力培育为重点、以中华优秀传统文化传承发展和艺术经典教育为主要内容的公共艺术课程。

3. 科学定位课程目标

构建大中小幼相衔接的美育课程体系，明确各级各类学校美育课程目标。学前教育阶段培养幼儿拥有美好、善良心灵和懂得珍惜美好事物；义务教育阶段注重激发学生艺术兴趣和创新意识，培养学生健康向上的审美趣味、审美格调，帮助学生掌握 1 ~ 2 项艺术特长；高中阶段丰富审美体验，开阔人文视野，引导学生树立正确的审美观、文化观；职业教育强化艺术实践，培养具有审美修养的高素质技术技能人才，引导学生完善人格修养，增强文化创新意识；高等教育阶段强化学生文化主体意识，培养具有崇高审美追求、高尚人格修养的高素质人才。

4. 加强教材体系建设

编写教材要坚持马克思主义指导地位，扎根中国、融通中外，体现国家和民族基本价值观，格调高雅，凸显中华美育精神，充分体现思想性、民族性、创新性、实践性。根据学生年龄特点和身心成长规律，围绕课程目标，精选教学素材，丰富教学资源。加强大中小学美育教材一体化建设，注重教材纵向衔接，实现主线贯穿、循序渐进。中小学美育教材按规定审定后使用。高校落实美育教材建设主体责任，做好教材研究、编写、使用等工作，探索形成以美学和艺术史论类、艺术鉴赏类、艺术实践类为主体的高校公共艺术课程教材体系。

（三）全面深化教学改革

1．开齐开足上好美育课

严格落实学校美育课程开设刚性要求，不断拓宽课程领域，逐步增加课时，丰富课程内容。义务教育阶段和高中阶段学校严格按照国家课程方案和课程标准开齐开足上好美育课。高等教育阶段将公共艺术课程与艺术实践纳入学校人才培养方案，实行学分制管理，学生修满公共艺术课程 2 个学分方能毕业。鼓励高校和科研院所将美学、艺术学课程纳入研究生教育公共课程体系。

2．深化教学改革

逐步完善“艺术基础知识基本技能+艺术审美体验+艺术专项特长”的教学模式。在学生掌握必要基础知识和基本技能的基础上，着力提升文化理解、审美感知、艺术表现、创意实践等核心素养，帮助学生形成艺术专项特长。成立全国高校和中小学美育教学指导委员会，培育一批学校美育优秀教学成果和名师工作室，建设一批学校美育实践基地，开发一批美育课程优质数字教育资源。推动高雅艺术进校园，持续建设中华优秀传统文化传承学校和基地，创作并推广高校原创文化精品，以大爱之心育莘莘学子，以大美之艺绘传世之作，努力培养心灵美、形象美、语言美、行为美的新时代青少年。

3．丰富艺术实践活动

面向人人，建立常态化学生全员艺术展演机制，大力推广惠及全体学生的合唱、合奏、集体舞、课本剧、艺术实践工作坊和博物馆、非遗展示传习场所体验学习等实践活动，广泛开展班级、年级、院系、校级等群体性展示交流。有条件的地区可以每年开展大中小学生艺术专项展示，每 3 年分别组织 1 次省级大学生和中小学生综合性艺术展演。加强国家级示范性大中小学校学生艺术团建设，遴选优秀学生艺术团参与国家重大演出活动，以弘扬中华优秀传统文化、革命文化、社会主义先进文化为导向，发挥示范引领作用。

4. 推进评价改革

把中小学生学习音乐、美术、书法等艺术类课程以及参与学校组织的艺术实践活动情况纳入学业要求，探索将艺术类科目纳入初、高中学业水平考试范围。全面实施中小学生艺术素质测评，将测评结果纳入初、高中学生综合素质评价。探索将艺术类科目纳入中考改革试点，纳入高中阶段学校考试招生录取计分科目，依据课程标准确定考试内容，利用现代技术手段促进客观公正评价。

5. 加快艺术学科创新发展

专业艺术教育坚持以一流为目标，进一步优化学科专业布局，构建多元化、特色化、高水平的中国特色艺术学科专业体系，加强国家级一流艺术类专业点建设，创新艺术人才培养机制，提高艺术人才培养能力。艺术师范教育以培养高素质专业化创新型教师队伍为根本，坚定办学方向、坚守师范特质、坚持服务需求、强化实践环节，构建协同育人机制，鼓励艺术教师互聘和双向交流。鼓励有条件的地区建设一批高水平艺术学科创新团队和平台，整合美学、艺术学、教育学等学科资源，加强美育基础理论建设，建设一批美育高端智库。

（四）着力改善办学条件

1. 配齐配好美育教师

各地要加大中小学美育教师补充力度，未配齐的地区应每年划出一定比例资金用于招聘美育教师。有条件的地区可以通过购买服务方式，与相关专业机构等社会力量合作，向中小学提供美育教育教学服务，缓解美育师资不足问题。鼓励优秀文艺工作者等人士到学校兼任美育教师。推动实施艺术教育专业大学生支教计划。全面提高美育教师思想政治素质、教学素质、育人能力和职业道德水平。优化美育教师岗位结构，畅通美育教师职业发展通道。将美育教师承担学校安排的艺术社团指导，课外活动、课后服务等第二课堂指导和“走教”任务计入工作量。在教学成果奖等评选表彰中，保证美育教师占有一定比例。

2. 改善场地器材建设配备

建好满足课程教学和实践活动需求的场地设施、专用教室。把农村学校美育设施建设纳入地方义务教育均衡发展规划，小规模学校以保基本、兜底线为原则，配备必要的功能教室和设施设备。鼓励有条件的地区在中小学校建设美育场馆，与周边学校和社区共用共享。加强高校美育场馆建设，鼓励有条件的高校与地方共建共享剧院、音乐厅、美术馆、书法馆、博物馆等艺术场馆。配好美育教学所需器材设备，建立美育器材补充机制。制定学校美育工作基本标准。

3. 统筹整合社会资源

加强美育的社会资源供给，推动基本公共文化服务项目为学校美育教学服务。城市和社区建设规划要统筹学生艺术实践需要，新建文化艺术项目优先建在学校或其周边。鼓励学校与社会公共文化艺术场馆、文艺院团合作开设美育课程。整合校内、校外资源开展美育实践活动，作为解决中小学课后“三点半”问题的有效途径和中小学生课后服务工作的重要载体。有条件的地方和学校每年组织学生现场参观 1 次美术馆、书法馆、博物馆，让收藏在馆所里的文物、陈列在大地上的文化艺术遗产成为学校美育的丰厚资源，让广大学生在艺术学习过程中了解中华文化变迁，触摸中华文化脉络，汲取中华文化艺术精髓。充分挖掘学校艺术场馆的社会服务功能，鼓励有条件的学校将艺术场馆向社会有序开放。

4. 建立美育基础薄弱学校帮扶机制

各地要加强乡村学校美育教师培养，通过乡村教师公费定向培养项目，培养能够承担美育教学的全科教师。鼓励开展对乡村学校各学科在职教师的美育培训，培养能够承担美育教学与活动指导的兼职美育教师。推进农村学校艺术教育实验县等综合改革实践，建立校际教师共享和城乡学校“手拉手”帮扶机制。统筹乡镇中心学校和小规模学校美育课程设置、教学安排、教研活动和教师管理，采取同步课堂、共享优质在线资源等方式，补齐师资和资源短板。引导高校师生强化服务社会意识，支持高校开展美育浸润行动计划，支持社会力量开展美育公益项目。

（五）切实加强组织保障

1. 加强组织领导和经费保障

地方各级党委和政府要把学校美育工作纳入重要议事日程，纳入地方经济社会发展规划，加强对本地区学校美育改革发展的总体谋划。各地要建立加强学校美育工作部门联席会议制度，健全统筹协调机制。把学校美育工作纳入有关领导干部培训计划。各级政府要调整优化教育支出结构，完善投入机制，地方政府要统筹安排财政转移支付资金和本级财力支持学校美育工作。鼓励和引导社会资金支持学校美育发展，吸引社会捐赠，多渠道增加投入。

2．加强制度保障

完善学校美育法律制度，研究制定规范学校美育工作的法规。鼓励地方出台学校美育法规制度，为推动学校美育发展提供有力法治保障。健全教育督导评价制度，把政策措施落实情况、学生艺术素质测评情况和支持学校开展美育工作情况等纳入教育督导评估范围。完善国家义务教育美育质量监测，公布监测结果。把美育工作及其效果作为高校办学评价的重要指标，纳入高校本科教学工作评估指标体系和“双一流”建设成效评价。对政策落实不到位、学生艺术素质测评合格率持续下降的地方政府、教育行政部门和学校负责人，依规依法予以问责。

3．营造社会氛围

各地要研究落实加强和改进新时代学校美育工作的具体措施，可以结合实际制定实施学校美育教师配备和场地器材建设三年行动计划。加强宣传，凝聚共识，营造全社会共同促进学校美育发展的良好社会氛围。

第二节　幼儿阶段发展理论

随着学校课程改革的不断推进，美术课程作为素质培养的一门课程，得到了更多的关注，在学习之余，家长们乐意将孩子送往教师处或培训机构进行美术技能的学习，学生希望有所收获，教师也有义务将知识传授给学生。本节总结了具有代表性的儿童认知发展阶段的理论，使读者和教师在教学中更加了解幼儿的学习状态。

一、皮亚杰认知发展理论

在解释皮亚杰认知发展阶段的概念之前，先了解“认知”和“认知心理学”这两个概念。“认知”通俗的说可以称为认识，即人们对外界事物的认识过程。朱志贤教授主编的《心理学大词典》和陈立教授主编的《心理学百科全书》中都有着如出一辙的解释，他们认为广义上表示着人脑对客观事物的反应。林任鼎在《心理学词典》一书中解释道：“它是以研究人类知识的表现方式为主旨，力图探明从知识的获得、贮存、转换直至使用的完整规律，它涉及的分支有知觉、注意、记忆、语言、发展心理学、想象思维和人工智能等。”[①]

让·皮亚杰是当代西方著名的儿童心理学家，他对儿童的心理发展、思维发展、认知发展等方面有着不少的研究，以他为首的日内瓦学派对儿童思维发展的研究与实验都在国际心理学界受到广泛的重视，对西方国家的儿童教育、中小学教育等方面的改革有着一定的影响。在皮亚杰提出的儿童认知发展阶段的相关理论中显示，他将儿童的年龄划分为四个连续的阶段：

（1）感知运动阶段（0~2 岁），这一阶段的儿童主要通过肢体来对世界进行感知，是典型的“以自我为中心”的时期，这一阶段又可以分为六个小阶段，每个阶段对应不同的特点。第一个阶段是刚出生的一个月，这时婴儿的意识处于混沌状态，主要通过先天的条件反射来适应环境的变化，并通过不断地重复本能动作完成某些适应性活动，比如吮吸乳汁。第二个阶段，先天反射建立之后，婴儿的行为就开始进入第二个阶段，在先天反射动作的基础上对肢体动作进行整合与拓展，并将个别的动作连接起来形成新的反射习惯，比如寻找声源。第三个阶段是指婴儿的听觉、视觉等感知器官的功能逐渐开始发挥作用，开始在听觉和视觉的刺激下形成某些固定的肢体行为习惯，比如抓取、翻身等。第四个阶段，婴儿的智力开始在其动作行为中发挥作用，并逐渐开始利用其他物体帮助自己达成目的，比如借助工具获取远处的物品。第五阶段，婴儿的兴趣促使其不断重复某个动作，并在重复过程中不断改善自己的动作，表明的学习能力逐渐形成。第六阶段是指儿童除了通过不断重复和改善动作来达到目的之外，开始尝试在大脑中寻求新的解决途径，但受限于表达能力和经验不足，只能通过肢体动作来实现目标，这一时期的婴儿最典型的特点是通过模仿来实现动作目的，这也标志着儿童感觉动作阶段的结束。

（2）前运算阶段（2~6、7 岁），这一时期随着大脑的发育，儿童逐渐开始学会使用语言，这是儿童行为模式的一次重大转变，尤其是在表达方式上的变化。儿童在这一时期开始使用语言与其他人进行交流和沟通，但是由于词汇和认知的限制，语言和行为非常内在化，思维方式不符合常规逻辑，在对待和认识事物时只能进行表象的描述。虽然儿童在这一时期的行为还处于内在化阶段，但是这也是其行为社会化的开端。

[①]林任鼎. 心理学词典[M]. 南昌：江西科学技术出版社，1986：70.

（3）具体运算阶段（6、7～11、12 岁），这一年龄阶段是心理变化的关键转折阶段，在这一时期儿童的生活经验不断增加、智力水平不断提高、情感体验越来越丰富，在这一时期，儿童在每个成长领域都会发生非常重要的变化，在不断地发现与发展过程中逐渐形成平衡。在这个阶段，儿童的知觉集中开始被集中化所取代，智力的发展和经验的增加使得他们不再片面对事情进行判断，并逐渐开始产生概念，对世界的认识开始由碎片化向整体化和概念化转变。

（4）形式运算阶段（11、12～16 岁左右的青春时期），在这一阶段抽象思维和理性认识逐渐成为认识世界的主要方式，他们开始使用逻辑手段去认识和了解未知事物，并尝试使用科学的方式来对事物和行为作出判断。除此之外，在这一时期肢体的协调性、语言表达能力以及思维活跃程度都得到了极大的发展。

人从出生到死亡的过程中，心理状态和生理状态一直都在变化和发展，皮亚杰认为这样的变化和成长是一个趋向平衡的活动。身体的成长发育趋向于功能稳定，以各个器官的发育成熟为标志，而心理的变化则从简单到复杂，从具体转变到抽象。从儿童的心理发展来研究儿童认识的发展变化，是一个认识儿童认知成长与发展的可靠切入点。

在认识儿童心理发展的过程中，必须要结合儿童生理条件的变化，并且要区分心理变化与生理变化二者的区别。生理发展是有终点的，各个器官都发育成熟之后，生理发展便进入了静止期，持续一段时间之后在自然规律的作用下逐渐退化，最终到达老年阶段。心理机能的发展与生理机能发展和变化有着紧密的关系，比如人的视觉在童年就达到顶峰，随着年龄的增长和各种后天活动的影响，视力会逐步衰退，人们对某些事物的视觉感受和情感体验则会在视力变化中有所变化。心理的发展是一个不断建设、不断丰富、不断进步的过程，比如人们对某一事物的认识在童年阶段、青年阶段会有很大的差别，这是因为儿童的心理在不断成熟和变化，对事物的认识也会随之发生改变。在美术教育中，我们要充分尊重不同年龄段学生的心理特点，尤其是对幼儿阶段的美术教育，教师必须根据这一阶段儿童的心理特点选择合理的教学内容和教学方式，保证教学效果的实现。

二、维果茨基的认知发展理论

维果茨基认为，教育与教学是人类的心理发展的基本形式之一，是人的心理进步与成熟的重要方式。早在 20 世纪二三十年代，学者就开始对教育与发展的关系进行探讨，著名的学者维果茨基认为，教学与发展是并不是两个相互独立的过程，二者实际上相互依赖，相互促进。教学的发展为人类发展提供了进步的动力，而人的发展则推动着教学手段的拓展和教学水平的提升。

维果茨基从发展的角度对传统心理测试的科学性提出了质疑，他认为借助智力要素对儿童的发展水平进行评定，并不能科学说明儿童的发展水平。在对传统测试方法提出质疑的同时，维果茨基提出了自己的测试理念，他主张应该通过两次测试活动来对儿童的智力活动特点和心理发展水平进行测试，弥补传统智力与心理测验的缺陷。维果茨基的测试方法第一次测试与传统测试方法大同小异，主要是测试儿童独立完成测试题目的能力；第二次则需要测验儿童在成人帮助下完成测试题目的情况和能力，通过两次实验数据的对比对儿童的发展水平进行测定，并对儿童的潜在能力进行评定。如果两个智力水平均为 5 岁的儿童，都可以独立完成 5 岁的测试题目，但如果二人在成年人的帮助下完成的题目难度不同，这其中的差异能够从一定程度上反映二者发展潜力。

由此出发，维果茨基将一个新的概念引入了心理学研究领域，即最近发展区。最近发展区也可以理解为“潜在发展区”，是指儿童独立解决问题的水平与在外界帮助或者团队合作中解决问题的水平之间的差距。想要对儿童的潜在发展能力进行评定，必须要对儿童现有的发展水平进行测定，并在此基础上通过进一步完善测评手段获得。从这个概念我们也可以知道，教学应该走在发展的前面，因为教学的领先能够激发儿童的潜在发展能力，促进儿童的整体发展和心理发展。“最近发展区”理论对于教学在发展中的引导作用非常重视，因为在该理论下，教育的作用和本质并不是重复和巩固已有的智力水平和心理机能，而是引导学习者智力的发展和心理机能的完善。“最近发展区”并不是固定不变的，而是随着儿童智力水平的提升和心理机能的发展不断变化延伸。

基于以上的认识，维果茨基对教育的效能进行了研究，并指出在人的智力发展和心理机能成熟的过程中，存在一个“教学最佳期”能够极大地提升教学效果。与教学最佳期相对，还存在教学最低界限和教学最高界限，这两个界限之间的就是最佳的期限。根据维果茨基的理论，传统的教学模式处于教学最低界限，教学效率并不高，应该改善传统的教学方式追求“教学最佳期”，而“教学最佳期”是由“最近发展区”决定的。知识是无法“教”给学生的，而是需要学生自己在头脑中构建和理解，经过内化之后形成解决问题的能力，才算完成了学习的过程。因此，教育的作用是引导学生自己思考和理解并构建知识体系，而不是将知识灌输给学生。

此外，维果茨基认为，儿童的心理发展是一个平稳期和转变期交替进行来的过程，心理稳定期间的儿童的心理会有微小变化，这种变化逐渐积累促成儿童心理的质变，质变完成后维持一定时间的稳定，继续积累变化酝酿下一次质变。根据心理学的研究，在儿童发展过程中，三岁、七岁和十一二岁是具有普遍性的心理转变年龄。在心理转变阶段，儿童行为和自我意识会发生很大的变化，无论是独立活动的倾向，还是在与成年人相处的过程中表现出来的否定意愿，都是心理转变的体现。大多数儿童在心理转变期都会变得教育起来非常困难，但如果对儿童的教育措施能够适应其心理机能的变化，那么难度会大大降低。

三、认知发展理论的教育启示

（一）认知发展理论的综合教育观

强调内化的教育观。人类的学习主要是掌握人类已有的知识，并将其内化为自身认知，形成解决问题的能力。学习者作为认识的主体，在学习过程中，教师的作用是引导学生认知，在适当的时机将知识介绍给学生。知识只有内化在头脑中，融入自己既有的知识体系，才能形成新的知识，学习者才能不断进步。

强调合作与交往的教育观。“最近发展区”理论实质上是说儿童的发展和智力进步是引导与合作的结果，自己无法解决的问题需要积极借助其他个体或者通过合作解决。教学应该走在发展的前面，在教学过程中提供更多通过合作解决问题的机会，促进学生的智力发展和心理进步。实际上，在教学过程中，学生之间的合作以及师生的交流引导是学生获得知识和解决问题能力的重要途径。

强调活动的教育观。人的认识都是从活动中获得，因此在人力的智力发展和心理机能进步的过程中，活动必不可少。教学活动作为学生认知的重要手段，在儿童教学活动中发挥着不可替代的作用。在儿童的教育活动中抽象化、符号化的教学模式很难奏效，形象化、互动式以及参与性强的活动能够调动学生更多的器官参与到学习活动当中，提升学习的效率。

强调发展的教育观。发展性是学生教育的核心，在现代教育中我们要从全面发展的角度对教学活动进行衡量，培养学生的学习能力，挖掘学生的学习潜能。掌握知识是学习过程中的基本要求，还要注重学生学习能力、学习习惯的发展与养成。

（二）“最近发展区”理论对教育的启示

维果茨基的“最近发展区”理论对教学与发展的关系进行界定，为教学活动的开展提供了理论基础，为教育与学生发展带来了新的思想，促进了教育的发展与进步。

第一，“最近发展区”的思想更新了传统的教学观。

传统教学强调儿童现有的智力水平，以此为基础来组织教学活动，实质上是以过去为参照的一种教学活动组织模式。“最近发展区”理论则着眼于学生的未来，是一种以未来为参照，以潜力发展为目的的教学模式。事实上，目前大部分的教学活动都是以维果茨基的理论为基础组织的。

第二，“最近发展区”的思想揭示了在教学中师生间的关系。

学生是教学活动的主体，教师在教学活动当中发挥着主导作用。我们这里所说的主导作用并不是传统意义上的教师决定学生的一切，而是教师根据学生的发展水平和发展状况决定教学内容和教学方式，然后通过合理的引导启发学生主动获取新知识。这种教学思路对传统教学方式是一种挑战，要求教师要改变以往的教学理念和授课习惯，以学生为本对教学进行调整，而不是以课本按部就班进行教学。

第三，“最近发展区”的理论要求教学必须引起学生认知上的矛盾。

教学过程应该瞄准学生尚未发展好的智力方向和心理机能上，只有这样才能引起潜在能力和现有能力之间的矛盾，在矛盾的相互作用下，促进学生智力的发展和心理机能的完善。在课堂教学中，如果学生能够非常轻松地掌握教学中的知识点，并能够利用所学知识解决老师提出的问题，虽然是一堂成功的课，但是却没有留下疑问和矛盾，无法达到启发和引导学生主动获取新知识的欲望。

第四，“最近发展区”的思想是教学的理论基础。

“最近发展区”理论是编写教学大纲、确定教学内容、制定授课计划、研究教学原则、选择教学方法、设计教学形式，实现教学全部最优化的科学依据。同时“最近发展区”的思想也是因材施教，进行教学调控，实现教学局部最优化，达到每一个学生都得到发展的理论依据。

第五，“最近发展区”理论强调要重视交往在教学中的作用。

儿童在与自己的伙伴或者成年人的相处中，如果解决了之前无法解决的问题，儿童的智力和心理水平就得到了提升。在教育活动中，教师与学生之间，学生与学生之间通过相互合作，共同完成教学过程，达成学习目标。在相处当中，学生要建立自己的知识体系，发现自己的长处和优点，不断增强自身的主体性。教师在这个过程中，要采用合理的教学方法，通过情境创设鼓励学生之间通过合作解决问题，引导他们学习的兴趣和探索新知识的欲望。

第六，“最近发展区”理论强调教学的动态评价。

传统的智力测试是对儿童现有智力发展水平的测试。智力测试是一种静态测试，这种静态测试忽视了学生智力发展的动态性，如果以此为基础组织教学，会造成教学与学生发展不匹配，不利于学生智力的发展与提高。以智力评测作为教学组织基础，必须在动态的“过程”中评价学生的发展情况，才能合理组织教学活动。

（三）“教学最佳期”理论对教育的启示

维果茨基提出了“教学最佳期”的概念。任何教育活动都有最佳的期限，只有儿童在发展过程中达到一定的发展水平之后，才能进行某一阶段的教学。教学的最佳期限是由学生的“最近发展区”所决定的，教学内容和教方式适应“最近发展区”的变化实际上就处于教学最佳期。

第一，教学要处于儿童的最佳期内。“教学期最佳”之所以能够取得最好的教学效果，是因为“最近发展区”的心理机能正处于成熟过程当中而又尚未完全成熟，合理的组织教学能够针对性对儿童的智力和心理水平进行提升。在最佳期之外的教学活动由于不能对尚未发展的心理机能施加影响，因此也不能有效促进这些心理机能的发展，如果引导不恰当，可能会对学生的心理发展造成阻碍。因此，教学过程中，教师要及时把握学生的智力和心理发展动态，掌握学生的教学最佳期，通过合理的组织教学活动，促进学生心理机能的发展和成熟。

第二，“教学最佳期”也是不断发展变化的。“教学最佳期”是由“最近发展区”决定的，“最近发展区”本身则是动态发展的过程，随着教学过程的推进和生理条件的变化而不断发展。在教学过程中，教师必须关注学生“最近发展区”的变化，才能准确把握教学最佳期，保证自己的教学工作能够发挥其应有的作用。

第三，“教学最佳期”是因人而异的。“最近发展区”作为一种发展潜力的表现，每个人都会有所差异，教师应该充分了解每一名学生，对学生的教育和引导要根据学生自身智力水平和心理水平的发展状况。虽然每个学生的“最近发展区”不同，但仍然具有某个年龄段共同的特征，教师要在把握共同特征的基础上，尊重个体差异，因材施教。

第三节　多元文化认同理论

一、多元文化的内涵解析

多元文化不仅是指在特定的实践和空间范围内多种文化共同存在的状态，更强调不同文化在冲突与融合过程中形成的相互关系。多元文化的存在和形成需要时间性和空间性统一，还要经历不同内核文化之间的碰撞与融合，最终达到平衡，形成同一时空内大家都能接受的族群文化。牟岱认为，多元文化是指在一个群体、社会或区域系统中，同时存在、相互联系且各自具有独立文化特征的几种文化。因此，多元文化与以往的文化存在方式有很大的区别，它不仅在空间具有多样性，还具有时间上的延续性和共时性。这里我们对多元文化的内涵和要点进行概括，主要有以下三点。

（1）多元文化指社会、集团或群体以及区域成员所创造、掌握和共享而又作为社会性遗产而代代承袭的生活方式，它是超生物、超个体的社会化、理性化的群体文明的产物。多元文化具有所有一般文化的性质，具有继承的性质也有涵化的能力，能够代表所处时代的文明程度。

（2）多元文化指多种文化分支在同一个体系、社会共同体和规制中共同活动并存在着一定联系、交往的共同存在。每个文化支流都是从属同一个系统之中的，他们之间是相互关联的有机社会共同体。单是时间、空间上的一致而没有社会关系是不能称之为多元文化的。多元文化主体的成员不是独立于社会之外的存在，而是相互之间存在有机联系的。

（3）多元文化之间虽然先天会由于不同文化的融合产生矛盾，但是能够聚合成共同的社会文化，除了历史和政治因素之外，主要是由于多元文化之间存在的共性，也就是文化的基本属性。因此，从形式上来看多元文化可以表现为一个文化整体，也可以在以多种亚文化的形态存在于一个文化共同体当中。在多元文化的发展过程当中，要处理好不同文化之间的关系，促进各文化的共同发展和进步。

总之，多元文化不仅是一个文化单纯的集合，而是一个共时和空间多样的有机社会共同体，多元文化的存在有其差异性，更重要的是有多元文化间的共性。同时，我们也不能将文化囿于精神交往之中，现实中的社会、经济和政治交往才是文化的反映。多元文化形成的基础除了传统文化的历史继承之外，还有社会自身和物质现实的影响。不同的社会、经济和政治基础造就的文化不同，文化作为经济、政治生活的载体实现着现实的人的存在。

二、文化认同的内涵解析

文化认同形成于个体作为某一文化群体成员过程中，包含学习和接受某一文化的传统、语言、宗教信仰、祖先传承、美学观念、思维方式和社会结构。文化认同指的是主体对某一文化或文化群体意义和价值的确认。人们在生活交往中将语言、行为、价值观、习俗和规范等下意识的内化为自身的文化，这个过程也是自我的形成过程。相同的文化符号、文化理念、思维方式和行为规范成为文化认同的基础。本节从文化的形式认同、规制认同、价值认同这三个方面来分析文化认同的内涵。

（一）文化的形式认同

文化的形式认同指的是日常生活中的物质形式层面的认同关系。人们在日常生活交往中的发展联系都是通过物质产品和象征物来表达。社会中的存在物可以表达出社会群体的意识，意识是社会交往的产物，然后意识通过实践、创造生产出现实的产物，这种现实的产物就是文化的物质形式。它作为意识的表象显现于现实生活之中。伴随着人们生活的服装衣着、建筑形式、特色饮食等都是交往中最显现的文化外化形式，即使是现代化社会的科技产物也是根据人们的生活需要为了使人们生活更加便捷、美好而创造出来的，是科技文化的产物，也是意识创造的产物。

人们根据日常生活中的需要创造产品，这些产品也在交换过程中形成交往的文化意识。有的文化意识符合自身的世界观、价值观也就自然地融合到自身的文化习惯中形成文化认同，而那些被交往中的主体所摒弃的观念则被抛弃。文化的形式认同能够体现出深层的文化认同，深层的文化认同同时也能物化形成文化的形式认同。文化的物质形式只是文化意识显现的产物，深入研究其内涵能深刻的了解物品所处时代的历史内涵及文化意义。但文化的形式认同对现实有着双重影响：一方面文化的形式认同是时代文化意识的显现，不断的实践着文化认同；另一方面文化认同的不定性导致文化形式认同的多样性，也冲击着人们的核心文化认同观。

（二）文化的规制认同

文化个体在形成共同体之后为了维持群体的稳定性发展相应的会衍生出一定的交往规则，文化的规制认同也就是对稳定社会关系的这些制度存在的确认。制度规范是为了约束交往行为，是人们实现普遍交往行为的界限标准。人们在交往中形成制度规范，在制度规范完善普遍化后形成文化。其规范也有两种形式的：正式的与非正式的。正式的规范指的是具有合理性和合法性的规定，强制约束人们的社会行为。而非正式的规范是在人们的约定俗成中形成的具有一定的合理性，但是不具有合法性、强制性，主要靠道德去维系规范形式的稳定性。两种文化的认同形式都有一定的合理性，只不过正式的规范文化更具理性意识，是契约文化的产物。经济制度、法律制度、政治制度等都是被社会认同的文化规制的结晶。

由于文化自身的复杂性会导致发展过程中矛盾冲突的产生，要维持交往行为方式的稳定，人们必定会寻求一个共同认可的规范和体制去维系交往行为。在形成了一定的文化制度之后，除了让民众了解制度的内容还必须要使其内容获得合理的形式，不论是得到国家或公众这类外部实证权威的支持还是精神、道德的直接认同。制度和文化交往在过程中通过直观或理性建构自身的实践范围，久而久之这些秩序和理性规范也就成为文化的边界，从而形成了有效的规则。但由于文化的流变性和制度的历史性，文化的制度认同也会随着外部环境的改变而变化，但文化的核心短时间是难以改变的。

（三）文化的价值认同

文化的核心就是文化价值、内涵，文化的价值认同也就是个体对于族群文化的价值取向、理念信仰等共同体存在的内在意义的认同。文化的价值认同体现了文化群体对自身文化的归属意识。任裕海将文化认同分为三个阶段：未经查验的认同阶段、文化认同的探寻阶段及文化认同的获得阶段。第一阶段，个体对于文化是被动输入式的接受文化，被动的适应文化而无反思的认同；第二阶段，是当个体在交往之中发现文化与现状有所冲突，开始产生怀疑、反思；第三阶段，是个体通过日常生活经历重新认识更新自我意识而去主动接受文化而产生的主动的文化认同阶段，而价值认同则存于第三阶段的主动过程中。

使社会得以维系的是每个个人对社会共同的情感和信仰，社会团结的核心和基础是社会成员的共有价值观和共同的道德规范。近观中国多数民众传统文化的缺失，其原因最主要的就是社会、民众对于西方文化的盲目崇拜和自身文化的不认同。因此导致民众文化信仰的缺失、盲目的物质追求、精神的匮乏及价值观的扭曲，如果政府不进行合理的引导规范会导致本国传统文化的丢失及社会矛盾的加剧。中华民族经历了无数次的王朝更迭文化仍得以保存，必然是有其“根”在支撑着文化的生长，文化的价值认同是主体对于文化根源的认同。

总之，文化的形式认同、规制认同和价值认同构成了文化作为意识显现于现实生活中的物质形式表层、社会关系层、核心层，组合成一个完整的文化认同体系。文化的形式认同是最表层的，与日常生活实践接触最频繁。规制认同是主体经过长期交往形成的对社会交往关系的认同，其最大的特点是具有强制性和约束力，契约式的合法性去限制主体的基本交往方式。文化的价值认同则是文化认同的核心观，体现了文化身份的特殊性和文化的差异性。这也是无意识文化的内生性力量的主力，已经成为文化主体的潜意识。文化的价值认同构成了社会文化体系中最稳定的基础，制度和形式认同都是根据文化的价值认同建立起来的。实现文化认同必须要三者的统一。

三、实现多元文化认同的现实路径

（一）加强利益交往建构共同利益

1. 寻求利益共性实现共同利益

由于经济、文化和社会形态的差异，每个族群的生存方式、生产方式都有所不同，由此形成的利益模式也是有所差异的。当差异的文化族群之间进行交往时，自然会产生矛盾甚至造成冲突。因此，我们在交往中需要寻求双方或多方之间的利益共性，平衡多方的利益从而实现共同利益的最大化。但如何把握利益共性我们还要从交往中来研究，在合理化的交往中寻求其共性。哈贝马斯所说的交往过程中，他者的语境与自身语境是有一定的差距的，当你们在相互解释时，将他者包容至自己的语境当中，以便尽可能地达到语境一致。“肯定性和交往性在日常交往实践中实际上是例外……在沟通过程中，参与者所依靠的前提是不确定的……他们不断尝试一个又一个偶然获得的共同性”[①]。在达到合理交往也即得到“认同”之前，需要交往的双方互相理解，在不确定中寻求偶然的共性去达成规范性的共识，从而实现交往的合理性。

哈贝马斯将合理性交往作为寻求利益共性的条件，而休谟将人与人之间的理解作为寻求共性的方式。这体现在休谟“同情”的概念中，当人发现到他人表情或姿态处于特定情感中时，我们的心灵会由这些效果转到行为出现的原因，并形成一个观念从而变成自我的情感。他认为，并不是他人的情感出现在我们心中，我们只是感受到行为的原因和效果自己产生的联系。类似于人本主义创始人罗杰斯的“共情”概念，又名投情、同理心和同感等。同情、仁慈产生了我们对一切人为的德的道德感，同情使我们摆脱了自己的狭隘利益，使我们知道并分享其他人的判断、见解和情感，使人与人之间的理解和交流成为可能。休谟的同情观为多元文化的认同提供了基础，而交往则为产生同情这个心境提供保障。

2. 强化利益交往建构共同利益

随着人类历史进程的推进及全球联系的不断加强，人类的全球意识开始觉醒，工业生产的交往形式也不再受到时空的限制。经全球化造成了现代性的认同危机，同样也给全球人类认同带来了新的机遇。现代社会的发展观念始终是开放、包容和变化的，虽有其不稳定性存在，但给予主体更多的是无限的可能。文化认同不再是局限在“寻求”共同利益这个方向，深化交往格局，开放交往界限就能实现对共同利益的新创造，创造出更新的发展、交往模式，建构更大范围的历史格局。跨文化之间的交往是从对文化“自发”的认识上升到“自觉”的认识这样的一个发展过程，而单单是外在的文化交往是难以促成稳定的文化发展形式的。通过加深多元文化之间的交往形成双多方都有利的交往形式能有效地加深文化主体之间的联系。

双多方的协作共赢是一个“求同存异”的博弈过程。利益协调是一种价值取向，它是在承认各区域利益合法性的前提下，通过竞争、回避、体谅、合作、妥协等方式实现契约的制度化，将各利益主体的利益诉求理性地保持在一定限度内。文化主体间的利益交往必定存在着一方或多方妥协的状况才能实现利益协调，平衡多方之间的利益关系。着眼全球化的国际视野，已经不能将利益分配局限在个别的文化主体上，而要朝着人类命运

[①]尤尔根·哈贝马斯著；曹卫东译.交往行为理论[M].上海：上海人民出版社，2004：101.

共同体这个方向发展。扩大交往边界文化主体更加多元，交往形式也更加复杂。认同的过程不仅是发现差异矛盾的过程也是寻找共性的过程。更复杂的形式带来的是更多的可能性。深化多元主体之间的文化交往关系，建立更加紧密的利益合作就能扩大甚至创造新的共同利益。

（二）平衡文化交往建构共同文化理性

实现文化认同除了共同利益之外，现实的理性也是其方式之一。把握事物的发展规律能够实现理性交往，主体在交往中对事物后果的理性预测能够限制自身的交往行为，从而在实际中进行协商、沟通等。在多元文化交往时需要一个合理的交往观念才能进行稳定的、有序的沟通协商，主体在客观的状态下才能科学的认识自身和把握文化之间的共性和个性。理性就是这种思维客观化的存在物。如何实现文化认同就变成了如何对待文化客观化，即寻找到文化理性。答案还是存在于现实交往之中。首先我们要了解交往的整个过程形态，一些学者提出了文化适应的 U 型模式，认为文化间的适应过程分为“蜜月期、危机期、适应期、双文化期”四个阶段。从中可以看到交往是逐渐加深的，并且是螺旋式的辩证发展过程。蜜月期是初始交往并未实现文化交往的深层化发展，如果只是停留在这个阶段难以寻找到多方文化主体之间的共性。转机存在于危机之中，危机期既是矛盾爆发的时间段也是差异文化之间开始适应的前提。

文化认同的过程是文化主体在交往中相互适应、接受、妥协的一个文化融合过程。强化文化交往过程使文化主体加深对他者文化的认识，从自我认识中发现和平共存的方法，实现“求同存异”的文化交往状态。深化文化交往同时能强化主体对差异文化之间的矛盾及利益矛盾的认识，此时主体理性为了平衡多方利益会有部分妥协。当文化主体交往到一定阶段时，主体间的文化差异会随着文化涵化的程度的加深而减小。主体间的理性矛盾也会随着文化差异的减小而减小，从而实现共同的文化理性。因此，加强文化交往成为建构主体间的文化理性必不可少的重要手段。

文化是隐藏于日常生活方式中的最无形的事物，犹如空气，我们时刻处于其中却意识不到。由于单一文化的内部普遍性和地域的局限性遮掩了自身文化的特殊性，这种特殊性只有在有客体对照的时候才能显现。也就是在与差异文化交往时才能意识到自身的“无意识文化”。文化认同是一个从自在文化上升到自觉文化的辩证过程。主体从自在到自觉的认同过程也是理性由个体上升到群体或群体上升到人类的过程。“人类命运共同体”成为理性最终追求的价值目标，而只有文化交往的深化才能实现理性完善自身的过程。

（三）构建和谐多元世界文化图景

文化主体伴随着长期的文化交往经验即交往的普遍化，主体的最基本单元会从族群转化为个体。在交往上升到一定阶段后，原来个体本身文化自在的发展变成了自觉的发展，无意识变成了有意识。个体自我意识的觉醒和世界意识的觉醒都使个体的身份认同、族群的文化认同和异文化的认同都产生了改变，文化界限变得不再明显，主体之间的交往变成了觉醒的个体之间的交往，交往范围也由原生文化的局域变成了世界范围的交往，国家历史、人类历史也成了马克思所说的世界历史。

个体在多元文化认同的过程中实现自我的完善，认识到文化对人性和世界发展的限制。如果一个人置身于某个文化情境中，不与异文化接触，可能谈不上有认同的需要或冲动。认同发生在不同的文化接触、碰撞和相互比较的场域中，是个体(群体)面对另一种异于自身存在的东西时，所产生的一种保持自我同一性的反应。个体的大概形象与阿德勒所说的“multicultural man”即多元文化人概念相似，他指的是一种新的自我完善的个体，拥有自身的自觉意识。阿德勒认为，当代历史发展为一种新型人类个体的出现提供了条件，多元文化人反映了关于自我过程的一种新的社会文化心理类型。他认为，多元文化人拥有自觉的文化认识，了解自身的文化身份也以包容性的态度去交往异文化，在交往的过程中汲取他者文化中宝贵的部分完善自身。他们的文化身份处于流变的状态，因此对于文化的接受始终是一种客观的事实行为，更具理性。个体意识的觉醒与多元文化认同的实现过程是融合在一起的，个体自我形成的同时多元文化认同的过程也就实现了，此时也就消除了文化距离，实现普遍性的发展。

这种普遍性是认同的内生机制是由于个体在生存发展时意识到文化的局限性、人类发展的共性及世界的历史趋势。在科技、交通、互联网极其发达的条件下，随着文化主体之间交往的普遍加深，主体身份的不断转变和对异文化认识的增加，会不断减少原来的文化分歧和加深对人类共性的认同，从而在交往中获得对他者文化的认同和补充。多元文化认同实践着开放性、包容性和拓展性的认同思想，意味着理念是朝着主体从族群到个体的自我完善的方向发展的。斯宾诺莎的规定即否定意味着事物的规定性将会抑制其发展，而多元文化认同则超越了特定的文化认同的限制，从而实现人类的整体性、普遍性发展，真正地实现了“求同存异”的多元发展观从而构建和谐世界。

第四节　创造力培养理论

目前，在我国，“创造力”是一个热点词汇，青少年的创造力培养成为社会的热点话题之一，培养大量的创造性人才已经成为全社会的共识。本节主要介绍影响力较大的创造力理论。

一、吉尔福特（Guilford）的智力结构模型（structure-of-intellect model）

吉尔福特的智力结构模型是后期因素分析模型的代表，他主要从人格和认知思维过程的角度来界定创造力。他认为，创造力是指最能代表创造性人物特征的各种能力。按照这一定义，他将智力活动分为操作的方式、内容和产物三个维度：操作方式即思维方法，包括认知、记忆、发散性思维、辐射性思维、评价五种成分；内容即思维对象，包括视觉图形、听觉内容、符号、语义、行动五种成分；和产物包括单元、类别、关系、系统、转换、含意六种成分。这些维度相互组合共同构成了智力的三维空间模型。同时，吉尔福特依据这一模型确定具体的能力因素共达 150 种（5×5×6）之多。根据智力结构模型，吉尔福特后期又提出了智力结构问题解决模式，在这一模式中，他强调了集中思维和发散思维的具体作用，区分了问题解决和创造性思维的异同。

吉尔福特的智力结构模型虽然能够解析心理过程的各组成部分，但仅局限于静态的描述，而对一些动态性问题，例如，各部分是怎么互相作用的，创造力思维在其中又起到了什么样的作用，并没有给出很好的解答。

二、斯滕伯格（Sternberg）的创造力投资理论（the investment theory of creativity）

斯滕伯格用经济学中的“低买高卖”来形容他的创造力投资理论。“低买”意味着从事人们普遍不重视但具有发展潜力的领域，最初会受到人们的质疑，但是经过坚持不懈的努力，使得这一领域被人们普遍接受，即“高卖”。他认为具有创造性的想法或作品在一开始都会受到大众的排斥，这是因为具有创造性就意味着挑战传统的观念和方式，必然会受到大众的阻力，而如果坚持自己的主张和想法，不屈不挠，即创造性人格，最终必然能够得到人们的接受和认可。

在综合前人研究的成果上，创造力投资理论把创造力分为六个相关因素：智力技能、知识、思维模式、个性、动机和决策力，其中决策力是最为重要的一个维度，也是斯滕伯格对于前人创造力影响因素研究的一个创新之处，因为他认为在具备了以上的六因素之后，决策力是最终决定是否实施创造力的关键因素。

同时，斯滕伯格在创造力投资理论的基础上，又提出了其创造力贡献说，他把具有创造性贡献的人分为三大类：

（1）接受现状类，即这类人对现有领域是认可和满意的，他们的任务主要是在现有基础上对该领域进行完善，推动其不断前进。

（2）挑战现状类，即对现状不满，并提出新的发展方向，使某一领域发生根本的转变。

（3）整合现状类，即把先前的两个不同的方法加以整合，使其成为一个新的方法。

三、阿曼贝尔（Amabile）的创造力三结构说

阿曼贝尔从知识、创造性思维和动机三个方面来研究创造力，从而形成了创造力三结构说（见图 3-1）。专业知识，即拥有精深的专业知识和对某一领域的长期关注，这是创造力进行的前提。创造性思维，其主要维度是：不满足于现状，试图找到新的方法；整合一些完全相异领域的知识，遇到难题或瓶颈期时的坚持能力，从一种胶着的状态走出来，到达一种新的境界。动机包括好奇心、内在的兴趣、在困境中的执着精神。阿曼贝尔认为，人们在有内在动机（兴趣、自我满足感、工作本身的挑战）驱动时会比外在动机更有创造性。

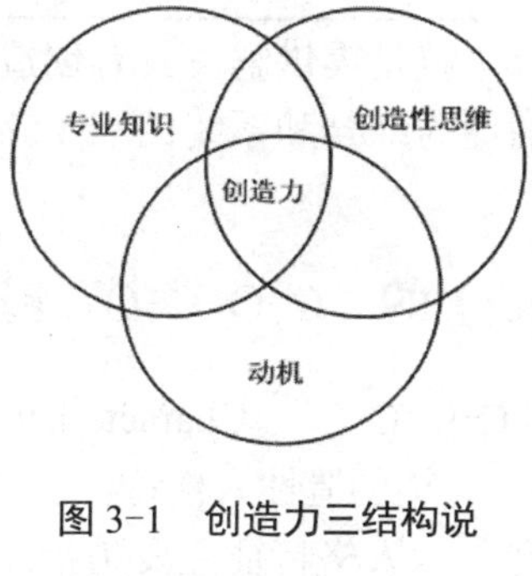

图 3-1　创造力三结构说

四、创造性问题解决（Creative Problem Solving，CPS）理论

CPS 理论创建于 20 世纪 50 年代，是现代创造力理论的重要部分。它

关注人们解决问题过程中的认知、情感和意志等因素，给解决问题者提供解决问题的步骤和阶段，这一理论被广泛应用于商业、教育等多个领域。

CPS 理论最早是由心理学家亚历克斯·奥斯本（Alex Osborn）提出的，在奥斯本的《唤醒你的思维》（1952）一书中提出了一个关于创造性问题解决的七阶段法；其后，CPS 理论又经历了五个阶段的发展，最终形成了现代的 CPS 理论。以下是 CPS 理论发展的主要阶段（见表 3-1）。

表 3-1　CPS 理论发展的主要阶段

主要阶段	问题或需求	成果
1942—1967 年	创造性过程的解释和界定	创造性问题解决的初步模型，产生观点想法的指导方针和工具
1963—1980 年	具有实效性的训练项目发展创造性才能	创造力研究工程的产生，出版了指导创造力训练的材料
1981—1986 年	在研究应用创造性问题解决时的个体差异和情景问题	发现困境的 5O 原则（定向、观察、掌握、结果、障碍），发散思维和集中思维的平衡
1987—1992 年	从影响研究中获取关键知识	创造性问题解决过程三个部分的发展和整合
1992—1994 年	对认知科学发展的回应，解决创造性问题的风格差异	中性风格，创造性问题解决的叙述性方法研究，任务评估法的应用
1994 年至今	应用时选择特定的组成、步骤和工具	把人、背景和结果整合到创造性问题解决框架中，采用简易的语言来描述系统

创造性问题解决的核心就是提供解决具有创造性问题的框架，从早期的七步骤法演进到现代的更为综合和系统的三步骤法：理解挑战性情景、计划方法、行动准备。

五、崔芬格（Treffinger）的“C-O-C-O”模式

崔芬格提出创造力“C-O-C-O”（Characteristics-Operations-Context-Outcomes）模式（见图 3-2），从创造性人格特征、操作过程、环境和创造性产品四个方面来界定创造力。人格特征主要是指能力、个人品质、兴趣、偏好、风格和动机；操作过程主要是指掌握一些特殊的技能和简单的工具性方法，如头脑风暴、技能观察和复杂的问题解决过程、系统分析过程等，

这些技能和方法能够通过训练得以提升；环境主要是指阻碍或促进人们创造力生成的外部因素，在团队中是指自由度、支持、信任和开放、活力、冲突、风险承担；创造性产品主要是指对创造力结果的评价，这里涉及的是评价标准，不同的评价标准会产生不同的结果。崔芬格把评价标准分为三个大类：新颖度（原创性、转换性）、决议（充分性、合适性、符合逻辑、有用性、价值性）、精巧性和综合性（吸引力、复杂性、表现力、组织性）。

在对创造力的定义的基础上，他又提出了创造力培养的阶段理论：学习和使用基本的创造性思维和批判性思维的工具；练习问题解决中的系统方法的使用，利用并拓展那些基本的工具；把前两阶段学习的方法和工具运用到实际问题的解决中去。

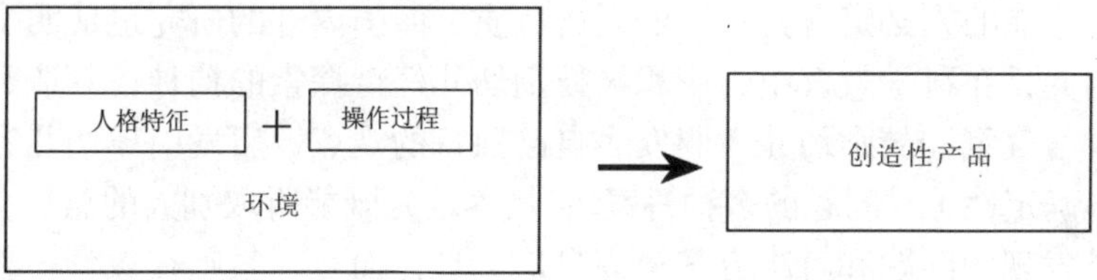

图 3-2　C-O-C-O 模式

六、幼儿创造力的教育培养策略

从培养目标出发，在幼儿科学教育中教师可采用一些具体的教育策略来培养幼儿的创造能力。

（一）鼓励儿童从不同的渠道主动收集有关问题的信息

幼儿是知识经验的构建者，因此教师应鼓励幼儿自己去收集有关的信息，启发幼儿扩大信息来源，通过请教成人、外出调查、查阅图书资料、看电视、上网等多种手段，获取有用的信息。这样做不仅使幼儿从一开始就对科学活动的内容产生极大的兴趣，而且让儿童从小学习和掌握多渠道收集信息的现代学习方式，这必将有利于培养幼儿自己去发现问题、全面地对问题进行感知和表征，多角度地定义问题的能力，而这些能力正是创造的必要条件。

（二）尊重幼儿的事实理解能力

尽可能将丰富的知识经验以幼儿可以理解的方式呈现给幼儿。在幼儿科学教育的过程中，知识的学习是不可避免的。我们应该向幼儿提供大量丰富、准确的知识，且以符合幼儿认知特点的方式呈现，以利于儿童进行选择、比较和重组，并在此基础上产生出新的观念，而不是去硬性灌输。家长和教育者不但要致力于帮助幼儿掌握正确无误的科学知识，而且要注重帮助幼儿构建良好的知识结构。例如通过分类，让儿童学会类别，通过发现学习让儿童自己概括出概念的基本属性，从而形成正确的上位概念，使幼儿的知识结构更具同化力，为创造打下牢固的基础。

（三）注重幼儿创造性人格的培养

培养幼儿的创造性人格，激发和维持他们的创造性动机。在以往创造力培养中，人们很少将创造性人格的培养也涵盖其中。原因很简单，因为个性特征是被划归于非智力因素的。但是，创造力投资理论却认为一个极具创造才能的人必定有其特定的人格特质，而国内外的研究也证明了这一点。因此，在科学教育中，应积极鼓励幼儿好奇探索的精神；营造宽松和谐的学习气氛，鼓励幼儿大胆发表自己独特的观点；启发引导幼儿容忍事物的不确定性（对问题的多种答案）；培养幼儿既能听取别人的意见，又能对自己发现的问题和解决方案充满自信。具体而言，教师在教育、教学过程中可采取以下策略，以营造良好的有利于创造性发展的环境。

1．发散式的提问模式

教师应该提出一些富有挑战性的开放式问题。在此过程中，教师鼓励幼儿尽量多地给出能想出的答案，并且对给出的答案不作评价，让幼儿能各抒己见、畅所欲言。

2．动手动脑的发现学习

教师在指导幼儿学习时，只是列出相应的事实，提出问题，让幼儿积极思考，独立探索，自己发现并掌握相应的原理和规则的方法。这种方法有利于发挥幼儿的潜力、树立自信心、增强独立性，使幼儿能发现问题，创造性地解决问题。

3．灵活耐心的教学过程

教师不能刻板地执行原先的教学计划，而要根据幼儿学习过程中出现的问题，随机应变。同时，由于教学中许多内容需要由幼儿自己动手操作解决问题，或让幼儿在充分讨论、各抒己见的基础上找到问题的解决之道，因此解决问题不可能像以往教学中由教师给出一个正确答案那样快捷，需要教师非常耐心地倾听儿童的想法，耐心启发，且不急于作出判断性评价，因而这样的教学过程又必定是一个耐心的过程。

4．容忍“模糊”的教学评价

容忍“模糊”的教学评价，即教学评价要相对延迟，且能容忍模糊。教师不要急于将所谓的“对的”告诉幼儿，也不要对一些“异想天开”的想法持否定态度，而是要鼓励幼儿多角度思考。让幼儿从小就意识到解决问题的方法有很多，且在许多情境中并没有“最佳”可言。

第五节　学习活动主题

幼儿园主题活动就是指在特定的时间段，幼儿园围绕一个中心来组织幼儿参与的教育教学活动。其特点是不局限于某一学科，将各种学习综合起来，围绕一个中心来展开教育活动。它是教学活动中设想的一种新型活动，它具有自己独特的特点：有核心，有主体，并且有连续性和发展性，它提供了一个幼儿展现自我的平台，能让幼儿充分展示智慧和个性，幼儿从被动接受学习逐步转变为积极探索学习，这样不仅能激发幼儿的潜能，还能促进幼儿适应现代教育学习生活。

一、幼儿园开展主题活动的意义

（一）主题活动有助于幼儿的自觉学习

主题活动是发挥幼儿自觉性的活动。在新教学理念中，主题活动在幼儿教育中所具有的重要功能和作用越来越明显，它不仅能在一定程度上促进幼儿学习的积极性，为幼儿提供了展现自我兴趣的平台，又有利于教育事业开展集体性幼儿教育，促进幼儿园教育的系统性、综合性、可持续性、兴趣性发展。美国教育家艾里克森认为，现代早期教育的最主要任务就是促进幼儿自觉性和主动性的发展。也就是最大限度地激发幼儿的学习兴趣，在幼儿的兴趣培养、态度培养以及习惯养养成等方面，教师为每个幼儿及时提供丰富多彩的活动类型和材料，幼儿可以按照教师的指导自己决定玩什么、和谁玩、怎样玩，从而积极地与同伴、玩具、材料互动。因此，主题活动就是引导幼儿主动发挥自身学习的自觉性，它不仅能使幼儿尽快适应周围环境，保持乐观积极的态度，培养幼儿的表现欲望，还能逐步在主题教育活动中培养幼儿的技能、情绪、兴趣经验。

（二）主题活动为幼儿自觉学习提供空间与时间的保证

对与传统的分科来说，主题活动更灵活，它可以根据时间、季节、节日以及孩子的兴趣灵活地确定主题的内容，可以定一个大主题，几个月完成，也可以定一个小主题，一个月或半个月完成，这样的灵活的教学形式，是传统的学科教学所不具备的。主题活动之所以有助于幼儿自觉学习是因为它在空间上能够使每个幼儿都集中在一定区域或范围内。在一定的时间段上，教师能促进幼儿逐步养成按教师要求的学习速度进行学习的习惯，幼儿在规定时间内完成老师交代的任务。正因为如此，一些著名的儿童教育理论观点中均指出主题活动对幼儿自觉学习的重要作用，在教师指导下，让儿童发掘自身潜能，在主题活动中探索和认知世界，获得体验和丰富知识。

1. 主题活动有助于增进幼儿相互交流

在现代主题学习活动中，幼儿可以按照教师的教育要求，相互交流认知、相互探索外界世界，主题活动能让幼儿积极动手参与其中，当幼儿遇到不懂的或是无法进行操作的障碍时，幼儿就会通过请求帮助的形式来获得帮助，请求过程也是交流协调的过程，这种形式的主题活动不仅能激发幼儿探索的积极性，还能引导幼儿自觉学习。

2. 主题活动有助于教师的发展

（1）主题活动增强了教师组织活动的目的性、计划性。在教学过程中，老师要充分调动幼儿的积极性，使幼儿有目的和计划的参与集体活动。在这个过程中，让幼儿学会去发现问题、解决问题。知识点之后的理论基础是非常必要的，让幼儿能够知其然，知其所以然。对于主题活动的教育要从培养幼儿良好的学习习惯开始，兴趣思维能力的培养能够使幼儿学会从不同的视角看问题，把自己学到的知识运用到实际面对的问题当中去，这反映了一种认知习惯和能力的迁移，有助于幼儿的视野由点到线再到面的突破。

（2）主题活动增强了教师随时关注孩子的意识性、自觉性。主题活动强调“以幼儿为本”的活动和教育原则，不仅注重发展幼儿个性，重视对幼儿教育方式的探索，还能为幼儿提供全面发展的机遇。因此，好的主题活动不仅能使幼儿在过程中获得认知的益处和快乐，而且能增强教师随时关注孩子的意识性、自觉性。此外，良好的主题学习活动对于幼儿的心理发展也有很大的影响，它能促使幼儿的全面发展。

二、幼儿园有效开展主题活动的策略

（一）挖掘幼儿兴趣，尊重幼儿认知规律

尊重幼儿的认知规律、尊重幼儿的成长规律，满足幼儿的兴趣需求与学习需求是促进幼儿健康成长、全面发展的前提和基础。在幼儿活动的选取中，教师要充分考虑这一点，才能使幼儿以更积极的方式参与到主题活动之中，才能让幼儿在主题活动的参与中实现能力与素养的提升。例如现阶段的大部分幼儿对于小猪佩奇、熊二等卡通形象有着浓厚的兴趣，为此教师在引导幼儿参与到各种主题活动时，就可以从这些深受幼儿喜爱的卡通形象入手，来激发幼儿的参与热情、满足幼儿的兴趣需求。在引导幼儿在“超市”场景中进行区域主题活动时，教师不妨将这一主题活动进行再加工，以“佩奇一家逛超市”为主题，引导幼儿以角色扮演的形式走进超市主题的活动场景之中。当幼儿教师引导幼儿围绕“医院”这一区域活动展开游戏活动时，教师就可以将主题设定为“熊二生病了”，让幼儿带着对熊二的“同情”、要给熊二“治病”的意识走进相应的主题情景之中。

（二）积极联系生活，促进幼儿能力提升

在促进幼儿能力与素养提升的过程中，幼儿教师还应该从引导幼儿认识生活事物、养成良好生活习惯等角度入手进行相应的教育与引导。因此在主题活动开展的过程中，教师还应该有意识地将生活中的元素、良好习惯与意识渗透给幼儿，进而更有效地促进幼儿的能力提升与全面发展。例如当幼儿教师发现很多幼儿在生活中存在排斥剪指甲的行为时，教师就可以从这一角度入手进行主题活动的创设，将主题活动设为“我们都爱剪指甲”，鼓励幼儿在硬纸板上画出手的形状，将指甲部位涂黑，然后用指甲刀将硬纸板上的“黑指甲”剪掉。在幼儿完成这一主题活动的过程中，幼儿教师再有意识地将“黑指甲不卫生”“我们要养成讲卫生的好习惯”“检查自己有没有黑指甲”“如果有黑指甲就要把手洗干净，把黑指甲剪掉”等这类语言渗透给幼儿，使幼儿在主题活动的参与和体验中，建立活动与生活之间的联系，养成良好的卫生习惯与生活习惯。

（三）构建互动模式，鼓励幼儿合作交流

有效的幼儿主题活动还应该具有较强的互动性和合作性，使幼儿在活动参与的过程中能够与同伴有更频繁、更多元的交流与互动。这样在互动

参与的过程中，幼儿可以实现语言表达能力的提升，可以更好地将自己的需求表述出来。同时，在互动参与的过程中，幼儿可以感受到个体之间的差异，并努力尝试与他人进行交流、合作，实现交际能力的提升。因此，在幼儿主题活动的创设中，在主题活动的实施过程中，教师应该尽可能地鼓励幼儿以小组为单位完成相应的活动任务。在上文提到的“佩奇一家逛超市”，教师就可以鼓励幼儿分别扮演佩奇爸爸、佩奇妈妈、佩奇、超市收银员等角色，并让幼儿以小组的形式完成角色扮演的活动。例如，在上文提到的“熊二生病了”的主题活动中，幼儿教师就可以对幼儿进行提问“熊二生病了，谁陪他去看医生呢？”“熊二生病了，医院的大夫是准啊？”“熊二生病了，需要一个护士给他扎针呀？”，通过这样的提问，让幼儿根据自己的意愿，主动扮演“熊二”“熊二的朋友”“医院的医生”“打针的护士”等角色，并引导这些角色组成一个小组，完成相应的互动任务。

（四）注重多元引导，深挖活动内涵价值

为了促进幼儿的全面发展，在幼儿主题活动的创设中，教师还应该对幼儿能力与素养的提升进行预设，并尽可能多地为幼儿能力与素养的提升创设良好条件。例如上文中提到的，当幼儿教师在生活中观察到幼儿对于“剪指甲”存在抵触情绪时，教师希望通过主题活动的方式让幼儿以更积极的态度接受“剪指甲”的行为，那么在这一主题活动的设计中，教师可以将这一意识的引导设定为这次主题活动的主要目标。但如果仅仅从这一角度进行创设，又无法使主题游戏更具有内涵性，因此在主题活动的创设中，提出了让幼儿将自己的小手画在硬纸板上，再用儿童剪刀将硬纸板上的“小手”剪下来，用指甲剪将“小手”上的黑指甲剪下来。将这些步骤融入主题活动之中，就可以使幼儿在养成讲卫生好习惯的同时，实现动手能力的提升、实现观察能力的提升，而这样的主题活动设计也就更有内涵价值。

三、幼儿园主题活动的实施

幼儿园课程发展至今，大多数幼儿园把开展主题活动作为幼儿的教学活动。主题活动强调了具有核心和主题的连续性和协调性的特点，大多数主题有核心、有主题，并且有很大的连续性和发展性。在开展主题活动的过程中，要将活动权还给幼儿，教师给予相应的帮助和提升，引发幼儿进一步有效的活动。

（一）主题活动的确立

让幼儿围绕一个主题进行自主观察、互动探索，教师适时、适宜、适度地给予支持和引导。主题活动目标的确立，应注意以下几个方面。

1．以幼儿的发展为本

目标的确立应着眼于幼儿的发展，根据幼儿的实际情况来确定，不能过大、过空、过虚，要切合教学实际和幼儿的实际发展水平。

2．关注幼儿能力的培养

主题活动的开展过程是幼儿相互合作、互动探究的过程，是幼儿动手、动口操作，去实践、探索构建知识的过程，而非教育技能的提高过程。

3．结合幼儿的学习兴趣

把幼儿的需要和兴趣结合起来制定活动的目标，有助于教师教学的目的性、可行性。

（二）主题活动内容的选择与生成

在生成主题活动的过程中，既要尊重幼儿的兴趣和需要，又要注重教师的支持、帮助、引导作用。主题活动内容来源可以考虑以下几个方面。

1．幼儿当前的兴趣和需要

比如，在秋天收获的季节，教师可以从幼儿的好奇心出发来激发幼儿的兴趣点，引导幼儿对昆虫标本、植物花朵、各种农作物果实进行认知系列主题活动。这样不仅能激发幼儿对大自然的兴趣，还培养了积极探索外界世界的精神。

2．生活中的实际问题

解决生活中的实际问题，是教育的最终目的，比如可以开展主题为《我自己》系列的主题活动，让幼儿学会独立自学，懂的付出。

3．自然规律与动植物的千变万化

动植物世界能引发幼儿对动植物世界好奇心，满足幼儿的求知欲。比如，可以以乌龟饲养、秋天有趣的叶子、种植角里长长的豆角等为主题开展学习活动，让孩子在主动感知过程中，了解了动植物的显著变化。

（三）主题活动环境的创设

环境是幼儿学习发展的重要教育资源，在开展主题活动的过程中，把教育环境创设融进主题活动当中，使其走向融合，可以为幼儿的自主学习、探索提供有效的帮助。根据主题活动的研究及主题活动的特点，可把主题分成三阶段，每个阶段的环境创设都有重点。

1．主题初期阶段

初期阶段的主要工作是收集资料、自由布置、激发幼儿学习兴趣。幼儿的主题活动多是由幼儿感兴趣或教师根据幼儿的发展需要确定的，当教师发现幼儿对某一个问题或事件感兴趣时，可以让幼儿主动地通过环境布置，表现自己的思想、兴趣和关注点，给他们自由表现的空间，让环境与幼儿互动。

2．主题中期阶段

中期阶段主要是确定幼儿教育的主题方向。在这个阶段，幼儿、父母、教师都要置身其中，参与教育主题活动，相互交流，获得生活的经验。

3．主题末期阶段

末期阶段主要是展示幼儿创造的成果，帮助幼儿巩固认识，拓展幼儿的学习经验。当主题活动进入末期阶段时，幼儿与教师看到班内所布置的环境后，共同体会成功的快乐。随着主题的发展，环境也根据需要不断地丰富与更换，幼儿通过参与布置环境，看到自己努力的结果，体验学习带来的成功与快乐。

（四）家长教育资源的充分利用

《幼儿园教育指导纲要》在总则中明确指出："幼儿园应与家庭、社区密切合作，与小学相互衔接，综合利用各种教育资源，共同为幼儿的发展创造良好的条件。"主题活动能激发家长、幼儿、教师共同参与幼儿教育的积极性，三者在活动过程中形成了一个环形的状态，互相支持、互相影响、互相促进。

1．设置家长参与主题活动可利用的资源网络

家长的支持与参与，能极大调动幼儿探索的积极性。家长所提供的各种资源，可以为主题活动的开展起到很大的作用。因此，教师对家长的参

与资源既要充分合理地利用，又要为家长创造展示自己能力的机会。首先，让家长明确家长资源对幼儿开展主题活动的重要作用。其次，让家长能根据自身实际有选择地将各种资源进行申报，以便教师根据实际教学情况合理运用。例如，开展“有趣的汽车”主题活动，教师可以根据家长提供的资源项目，进行有目标的活动设计。利用班级部分家长有汽车或在汽车公司工作，请他们来给孩子们讲解，尝试坐他们亲自开的汽车，共同收集汽车标志、图片、汽车模型、汽车玩具、废旧轮胎等，如果条件允许，也可以实地参观汽车厂，为主题活动的开展提供多样化内容，使孩子们的“汽车知识”丰富起来。

2. 让家长的教育资源在幼儿发展中显示出“物超所值”

教师要通过合理的方式督促家长为幼儿教育提供教育资源，在这里，家长要认识到幼儿教育的价值和重要性，知道为孩子的全面发展而努力是物超所值的。只有家长看到在各种教育资源的培养下孩子发展得更好，家长才会不遗余力的提供最好的教育资源。比如，要做一次“中国饮食文化”的主题活动，可以调动家长们积极参与活动，利用在家晚间进餐的时间，让孩子根据菜的用料、色彩及味道等特点起名，提高他们的概括能力。

四、幼儿园创意美术主题活动的设计

（一）创设情境，激发幼儿创新思维

一般来说，幼儿园阶段的孩子在思维想象上是十分丰富的，由于他们还没有形成对这个世界的完整认识，所以他们的思维不受自然法则和社会规范限制，可以任意想象。因此，在美术课上，教师可以根据幼儿的这一特点来激发他们的创新思维，通过创设主题情境的方式来引起幼儿的注意力和好奇心，在主题情境中提出一些关于美术作品的要求，然后让幼儿在教师的引导下充分发挥自身想象力，激发自身创新思维，最终完成主题作品。幼儿本身的想象力和创新思维在作品完成过程中得到培养与提高。

例如，在传统节日“端午节”到来的时候，可以创设这样一个主题情境：端午节要到了，家家户户都要包粽子，老师同样也要包粽子，但是老师今年并不想按照以往的形式来包粽子，希望小朋友们能够帮老师改良一下粽子，并将它画出来，谁画的最好老师就按照谁的样子包。为了烘托出端午节的氛围，还可以利用教室里面的多媒体设备播放一些有关端午的视频。这样孩子们的创作热情可以被充分地调动起来，从粽子的形状到颜色再到馅料，孩子

们对粽子进行全方位的“创新”。虽然会有画出来的粽子形状并不能真正实现的情况出现，但是通过这一主题情境可以让幼儿对事物的形状、构成、外观等因素有更进一步的认识，有效激发幼儿的创新思维。

（二）走进自然，培养幼儿审美意识

培养审美意识是美术教育的一个重要目标，虽然幼儿园阶段的孩子还不能理解美术作品中所蕴含的美，但是教师可以通过主题创意美术活动来培养幼儿如何去看待事物、欣赏事物，培养幼儿的审美意识，为幼儿未来审美能力的养成奠定基础。在实际教学中，教师可以带领幼儿跳出教室的限制，走进大自然。让他们对美的认识从课本上转移到自然万物中，让他们感受最真实的色彩，体会最真实的美丽。教师在教学中要将美术与自然相结合，让孩子们通过欣赏、观察、记录真实事物的美，逐渐培养幼儿的审美意识。

例如，在春天万物复苏的时节，可以组织一场名为“我把春天送给你”的主题美术活动。首先，带领孩子们来到花园中，让幼儿观察感受春天的景色：蝴蝶飞舞、蜻蜓点水、鲜花盛开、燕子归来。其次，让每个孩子都画一幅他们眼中最美的景色，并将这幅画送给自己的一位同学。每个人眼中的春天都是不同的，孩子们通过观察将自己心中最美的春天画出来，不仅有助于孩子们审美能力的形成，还有利于培养孩子们拥有一颗发现美的心。

（三）贴合生活，提高幼儿动手能力

在幼儿园阶段的美术教学活动中，手工制作一直是美术课的重要教学内容。对于幼儿而言，手工制作不仅是对他们美术素养的提升，也是对他们实际动手能力的开发。因此，在主题创意美术活动中，教师要将手工制作与美术教学巧妙结合，借助现实生活中的物品，如剪刀、纸张、泥巴等，来完成教师给出的既定主题，最终实现创意美术教学活动的目的。

例如，可以给幼儿布置这样一个主题任务：我的私人动物园。让幼儿先将自己想要的动物园在纸上画出来，然后利用泥巴捏出自己纸上的这些动物，打造一个泥塑的动物园。为了使泥塑的形象更逼真，幼儿还可以在捏好以后的动物身上，用水彩笔进行上色处理，或者利用纸板等生活物品制作动物的园舍等等。这样的创意美术活动让幼儿借助生活中的物品完成主题任务，不仅锻炼了幼儿自身的动手实践能力，还培养了幼儿通过自己动手让生活变得更加美好的意识。

第四章　幼儿园创意美术教育开展的现状及问题

第一节　幼儿园创意美术教育的意义

一、培养幼儿对美术的兴趣

我国传统的幼儿美术教育不利于幼儿美术兴趣的培养，甚至扼杀了幼儿对美术与生俱来的热爱。在传统的幼儿美术教育目标中，画面构图技巧、统一色彩和造型能力往往是教学目标的重点。在美术教育的内容上，存在着脱离儿童生活现实的现象。在儿童美术评价方面，刻板的评价模式限制了儿童的观念。虽然越来越多的教师意识到个性化的表达和完善的人格是幼儿美术教育对儿童发展的价值，但在教学和评价中，由认为“美”“丑”而不是“喜欢”的成人对儿童美术作品进行自觉的评价。

自由地表达自己的创造性美术教育，尊重和鼓励儿童以艺术的形式进行表述。在这个活动场域中，孩子们自由、放松，他们狂野的想象力得到了表达，他们奇怪的想法得到了理解和认可。有趣的主题，不拘泥于形式和材料的过程，多样化的评价方法，使他们对艺术产生了浓厚的兴趣和创作欲望。在活动过程中，幼儿能强烈地感受到美术的乐趣和魅力，美术活动会使幼儿被吸引，美术活动的兴趣需要教师的培养。

二、促进幼儿创造力的发展

幼儿期随着幼儿在动作、语言及心理诸方面的发展，其创造力的发展表现为幼儿的好奇心和创造想象的发展。在广泛而强烈的好奇心促使下，幼儿特别喜欢从事以前没出现过的游戏，尝试做以前没做过的事情，并从中表现出创造性。经过研究发现，各种形式的美术活动都可以有效地促进儿童大脑的发育，使儿童科学大脑的左半球和艺术大脑的右半球能够协调儿童智力的发展和记忆的发展，促进儿童创造力的发展。美术创作是儿童的本能，儿童本身就有强烈的创作欲望，在生活中他们会抓住每一个机会去探索和创造。创意美术活动为孩子们提供了一个自由享受创作的舞台，也促进了他们创造力的发展，创造潜能也被激发了出来。

（一）促进幼儿创造性思维的发展

全面发展幼儿的创造性思维。四个认知维度和四个情感维度就是创造性思维氛围。在认知维度上，创造性思维是一个思维过程，包括思维的流畅性、思维的灵活性、思维的独创性和思维的精细加工。在情感维度上，创造性思维是一个思维过程，包括好奇心、复杂性、冒险勇气和想象力。通过开展创意美术活动，为儿童创造宽松自由的环境和安全的心理氛围，提供发展儿童思维、开启儿童想象的主题，引导儿童观察体验，传播儿童思维，尊重和鼓励孩子大胆独特的表达，孩子在创造力上的发展也得到促进。

（二）促进幼儿创造性想象能力的发展

再造想象就是儿童期间的主要想象。根据事物的模式，用文字来描述它，在脑海中创造出事物的新形象。这幅画的特点是没有创作元素。创造性想象是指在头脑中通过重新组合和加工形成一个新的形象的想象活动。美术创作活动不局限于艺术形式和材料，为幼儿提供自由的想象空间，引导和鼓励幼儿大胆想象，使幼儿在美术创作活动中提高创造性想象能力。

（三）促进幼儿创造性人格的初步形成

在一个创新驱动、转型发展的时代，社会需要具有创造性人格的人才。创造性儿童的人格特征一般表现为：①对创造性活动兴趣广泛，好奇心强。②独立做事，不喜欢依赖别人和已有的意见。一心一意，坚持目标。要对自己有信心。打开自己内心的感觉和情绪，要有丰富的想象力。美术教育本身对儿童创造性人格的发展具有促进作用。创造性美术教育通过各种活动、各种形式的材料、生动感性的氛围和灵感，为儿童的创作提供更多的空间和时间，激发儿童强烈的探索欲望。在教学中要注重培养孩子的创造力，注重培养孩子的创造精神，鼓励孩子坚持自己的信念，更要包容孩子大胆的想法和独特的表达方式。幼儿在教师指导下的细心观察和充分思考，大胆想象和细致创造等，都有利于形成良好的性格，促进幼儿初步形成的创造性人格，幼儿在此也会终身受益。

（四）激发创造的动机，形成积极的情感

创意美术教育活动以其丰富多彩的形式吸引着孩子们的注意力，为孩子们提供一个宽松自由的环境，鼓励孩子们大胆创造，激发他们的创作欲

望，在活动过程中放飞他们的想象力和梦想，甚至达到一定程度的陶醉。儿童正处于以自我为中心的直觉行动思维时期，情感在儿童世界中起着关键作用，发挥着巨大的影响。创造性美术教育活动注重儿童的审美情感体验，儿童在审美过程中需要愉悦的情感体验来促进积极情感的发展。同时，在教师的指导下，幼儿在活动过程中表现出极大的主体性和参与性，表现出最大程度的积极性，进而获得快乐的情感体验，感受学习的乐趣。儿童接受良好的情感教育，社会情感也会促进。

三、提升幼儿初步的艺术表现和创造能力

根据《3～6岁儿童学习与发展指南》，艺术是儿童感受、表达和创造美的重要形式。充分创造条件和机会是幼儿美术教育的关键要点，使儿童对美的感受和体验得以萌芽，引导他们以自己的方式发现、表达和创造美。发现美是儿童表现和创造的基础。每个孩子都是一个独立的个体，有着与其他孩子不同的发现美的视野，有着自己独特的思维和表达方式。儿童绘画从来都不是抽象的对象或人物，而是他们所有的情感形象和充满活力的情感世界，反映了儿童独特的个性特征。在创造性美术教育活动中，教师作为儿童美术活动的引导者、支持者和合作者，为儿童创造自由、创造性的美术创作环境。在教师的指导下，孩子们感受到美术的独特魅力，充分发挥想象力，自己创造图式，把内心世界表达出来。在活动过程中，儿童们发现了社会生活和自然中的美，并愿意以多种艺术形式来表达和创造，提高了儿童表达和创造美的能力。

四、体验审美愉悦感，赋予幼儿创作获得感

创造性美术教育活动以直观的艺术形象唤醒幼儿的心灵和内在审美情感，幼儿通过美的熏陶和感悟获得潜移默化的影响。当孩子们直观地理解大自然中生动的动植物，体验生活中的真善美，欣赏美丽的经典艺术作品时，快乐的感觉就会油然而生，这就是美所带来的体验和快乐。美对孩子们有很大的吸引力。生动有趣的形象和明亮的图画能感染孩子，使他们感受到美丽，给他们带来快乐和创造美的感觉。

创造性美术教育活动给幼儿带来了成就感和满足感，是幼儿获得成功感和满足感的舞台。创意美术活动支持和鼓励儿童通过艺术表达自己。在这个过程中，孩子的思想和情感不受约束，他们可以本能地运用自己的想象力。孩子们通过用大脑和双手创作作品来体验自我价值感。当孩子们看到自己创造的作品时，会有一种完全的成就感。孩子们喜欢与别人分享，不把成功当成个人的事

情。他们会谈论创作过程和作品的意义，他们希望得到同龄人或教师的认可，当同伴或教师认可并表扬他们时，孩子们就会得到满足。

第二节　幼儿园创意美术教育开展的现状

在自然情形下，笔者结合文本分析、活动设计，观察并记录了幼儿园教育活动的全过程，综合评价当前幼儿园艺术创新教育的现状。幼儿园的创造性美术教育主要在中、高级班进行，因为 4～6 岁的儿童已经发展了动手能力、艺术能力和创造能力，4～6 岁的儿童也是创造性发展的高峰。为此，我们收集了 25 个大中班的教学活动设计，并根据教学记录分析了某幼儿园创造性美术教育的现状。以下是幼儿园创意美术教育的现状。

一、教学目标基本明确，创造能力目标不够清晰

幼儿园任何活动的教学目标都是整个教学活动的发展方向。同时，整个活动应该以返回艺术目标而结束。此外，教学目标的设计是否合理也对幼儿各层次的发展产生很大的影响。通过对某幼儿园 25 篇创意艺术教育活动设计文本的活动目标分析，并结合观察到的活动场景可以看出，幼儿园在制定创意美术教育目标方面基本清晰，但在创意能力目标上的一些方面还不够明确，这里我们通过调查来进行分析说明。

（一）教学目标基本明确

某幼儿园创意美术教育活动目标制定情况（一）（见表 4-1）。

表 4-1　某幼儿园创意美术教育活动目标制定情况（一）

	明确、具体	笼统、抽象	合计
数量/个	22	3	25
百分比/（%）	88	12	100

从表 4-1 中，可以清晰看出，在 25 份创意美术教育活动设计文本中，其中有 22（88%）个教学活动设计的教学目标的比较明确、具体，但仍有 3（12%）个教学目标抽象、笼统。

（二）创造能力目标不够清晰

创意美术教育活动是以儿童的表现为基础，以促进儿童创造力的发展

为核心，也是需要贯穿于整个美术活动始终、并且需要逐步实现的一个重要目标，但在幼儿园创意艺术活动的设计中，较少关注激发儿童潜能和促进儿童创造力发展的目标。某幼儿园创意美术教育活动目标制定情况（二）（见表 4–2）。

表 4–2　某幼儿园创意美术教育活动目标制定情况（二）

	创造能力目标清晰	创造能力目标不清晰	合计
数量/个	8	17	25
百分比/（%）	32	68	100

从表 4–2 可以清楚地看出，在 25 项教学活动中，8 项创造能力目标清晰，占 32%，17 项创造能力目标不清晰，占 68%。幼儿园的创意美术活动大多没有体现在目标设定上，这不利于幼儿在教学过程中的创造力。这一目标仍然停留在“老师说、儿童做”的水平上，不利于儿童自主创新能力的培养。

二、教学内容贴近生活，教学素材较为单一

教师在选择教学内容进行时，要时刻牢记要贴近《3 ~ 6 岁儿童学习与发展指南》中提到的儿童的生活经历。同时，它们也是孩子们感兴趣的东西。通过分析某幼儿园 25 篇创意美术教育活动设计文本的活动内容选择，结合观察到的活动场景，笔者发现，教师在选择创造性美术教育活动的内容时，可以很好地考虑到内容的选择要贴近幼儿的生活体验，引起幼儿的兴趣。在内容的选择上，教师也存在着教学材料单一的问题，我们仍然可以通过调查分析来对其进行验证和说明。

（一）教学内容基本贴近幼儿的生活

25 个美术教育活动内容一览表（见表 4–3）。

表 4–3　25 个美术教育活动内容一览表

中班	大班
我来拼一拼（拼贴画）	睡莲花开（拓印）
我的自画像（绘画）	我是小侦探（探索泥遇水情况）
我给妈妈做头发（利用毛线）	伤心的地球（想象画）
玩转太空泥（泥塑）	有趣的橘子皮（利用橘子皮制作）
送给爸爸的贺卡（手工）	冬天的树（综合材料）
我的果园（绘画）	我来装饰维吾尔族服饰（纸张画拼贴）
美丽的桃花（吹花）	调皮的小猴子（写生画）
节日的礼物（手工）	我为鳄鱼穿新衣（石膏画）
喷出来的美丽（水粉画）	美丽的花园（想象画）

续表

小羊苏西（拼贴画）	大奶牛（纸张拼贴）
我有一只大螃蟹（手掌画）	我的幼儿园（写生画）
我的纸杯会变身（手工创作）	画熊宝宝（拓印画）
有趣的手指点画（手指画）	

从表 4-3 可以看出，某幼儿园教师在选择活动内容时，一般来说，教师可以很好地把握美术活动内容与幼儿生活的关系，在选择上也要选适合的生活经验内容。对幼儿生活中的物品和事物进行设计，使儿童能够欣赏和感知生活中的美。某幼儿园创意美术教育活动内容选择情况（一）(见表 4-4)。

表 4-4　某幼儿园创意美术教育活动内容选择情况（一）

	贴近幼儿生活	远离幼儿生活	合计
数量/个	23	2	25
百分比/（%）	92	8	100

从表 4-4 可以看出，内容选择符合儿童的认知，有 23 个贴近幼儿生活，占 92%。例如，“我的自画像”是中班的创意美术活动，“有趣的橘子皮”是中班的创意美术活动，“冬天的树”大班的创意美术活动，“我的幼儿园”也是大班的创意美术活动。

此外，有两例远离幼儿生活，占 8%。例如，大班的创意美术活动“睡莲花开”。

教师选择的活动基本上能激发孩子们的兴趣。在美术活动的内容上，教师一般能把握好儿童感兴趣的点，在幼儿的审美体验上也更加的关注，但也存在一些问题。某幼儿园创意美术教育活动内容选择情况（二）(见表 4-5)。

表 4-5　某幼儿园创意美术教育活动内容选择情况（二）

	易引发兴趣	难以引发兴趣	合计
数量/个	23	2	25
百分比/（%）	92	8	100

从表 4-5 可以看出，23 名儿童对选择教学内容易引发兴趣，占 92%。例如，中班的创意艺术“我给妈妈做头发”“送给爸爸的贺卡”，大班的创意美术教育活动“伤心的地球”等，都是孩子们身边最熟悉的人和事。在引发幼儿的兴趣的过程中，还是有两个活动难易引发兴趣，占 8%，例如“睡莲花开”在大班创意美术活动中就不太受欢迎。

（二）教学素材较为单一

在某幼儿园的 25 个活动设计中，有 24 个活动主题来源于幼儿生活，占 96%。只有一件作品来自其他，那就是大班的创作艺术“我来装饰维吾尔族服饰”。某幼儿园创意美术教育活动内容选择情况（三）（见表 4-6）。

表 4-6　某幼儿园创意美术教育活动内容选择情况（三）

	生活	其他	合计
数量/个	24	1	25
百分比/（%）	96	4	100

毫无疑问，教学内容的选择来源于儿童的生活，更贴近儿童的审美体验。但是，教师也应该适当拓宽视野，关注大自然、世界优秀的美术作品和中国传统文化艺术。在主题上，教师也可以不统一，在想象力和表达自己、创作作品的过程中让孩子们自由发挥。

三、教学准备注重经验准备，物质准备种类单一

实施教学活动的必要步骤是教学准备。充分的活动准备能够为活动的顺利进行保驾护航，促进活动的圆满完成，让孩子从中获得收获，但是从发展的角度来说过分强调对经验化的准备活动，对于教学活动的创新和推进会造成一定的影响。通过观察某幼儿园 25 项活动设计的活动准备部分，发现幼儿园开展创意美术教育时，材料类型单一。

（一）注重幼儿经验准备

教学活动需要在幼儿的原始经验上进行，实现经验逐层积累，从而促进儿童发展水平的不断提高。通过对某幼儿园创意美术教育活动准备的观察和文本分析，发现教师在活动设计中更注重体验准备。某幼儿园创意美术教育活动准备情况（一）（见表 4-7）。

表 4-7　某幼儿园创意美术教育活动准备情况（一）

	注重幼儿经验准备	未提及经验准备	合计
数量/个	22	3	25
百分比/（%）	88	12	100

（二）物质准备充足，但种类单一

整个活动的重要媒介是物质准备。通过观察某幼儿园创意美术活动的设计文本和活动现场，发现材料准备充分，但类型单一。笔者将材料准备分为美术工具和其他材料，以供后续分析。通过整理活动所需的美术工具，将美术工具分为纸、水彩笔、油画棒、水粉画等。某幼儿园美术工具材料

投放情况（见表 4-8）。

表 4-8　某幼儿园美术工具材料投放情况

	水彩笔、油画棒、水粉、画纸	其他	合计
频率/次	22	3	25
百分比/（%）	88	12	100

从表 4-8 可以看出，使用次数最多的是水彩笔、油画棒、水粉和纸，达到 22 次，占 88%。其他材料用量较少，只有 3 次，占 12%。幼儿园在开展美术创意教育时，为儿童提供了足够的美术工具，但类型比较简单。

可以适当地选择用于激发孩子的创作欲望，并更好地应用于其他材料的准备，如多媒体、图片、视频、音频等。某幼儿园创意美术教育活动其他物质材料使用情况（见表 4-9）。

表 4-9　某幼儿园创意美术教育活动其他物质材料使用情况

	使用图片、PPT	使用视频、音频	其他	合计
频率/次	20	4	1	25
百分比/%	80	16	4	100

从表 4-9 可以看出，教师使用图片和 PPT 的次数为 20 次，占 80%。使用视频和音频 4 次，占 16%。例如，大班创意美术教育“冬天的树”曾使用过其他辅助教材。

四、教学过程环节科学，师幼互动不足

教学过程是教育活动的重点，教学过程主要根据教师的活动设计进行。在教学过程中有两个主要的主体，教师和学习者。通过对某幼儿园创造性美术教育活动的设计与实践的观察与分析，笔者发现教学过程中的各个环节都比较科学，但师幼之间存在着互动不足的问题。

（一）教学过程环节科学

在创意美术活动的设计与实施中，教学进程主要包括情境介绍、教师引导、幼儿创作、分享与交流、活动拓展等。然而，在某些活动的设计中存在一些不完整的链接。某幼儿园创意美术教育活动过程情况（一）（见表 4-10）。

表 4-10　某幼儿园创意美术教育活动过程情况（一）

	环节设计科学	环节设计不合理	合计
数量/个	23	2	25
百分比/（%）	92	8	100

通过表 4-10 可知，在某幼儿园的 25 个创意美术活动设计文本当中，有 23 个活动设计的环节较为科学，占总数的 92%。

（二）缺乏情境创设

创设教学情境，就是要把孩子带进整个活动的开始，吸引幼儿对新奇事物的注意力，有助于促进整个美术活动的过程，触发幼儿的情感体验，激发幼儿的创作欲望，为幼儿丰富的想象力和创意思维提供了良好的环境。然而，根据笔者的研究，幼儿园美术创作活动在情境创造方面相对欠缺。某幼儿园创意美术教育活动过程情况（二）（见表 4-11）。

表 4-11　某幼儿园创意美术教育活动过程情况（二）

	创设情境	未创设情境	合计
数量/个	5	20	25
百分比/（%）	20	80	100

从表 4-11 可以看出，大多数教师在设计活动时缺乏教学情境的创设，没有为孩子提供良好的创造性思维环境。此类活动设计多达 20 种。例如，高级班创意美术教育的“小侦探”，高级班创意美术教育的“冬天的树”（综合），中级班创意美术教育的“小羊苏西”（拼贴）。

此外，少数教师在设计活动时也注重情境创设这一重要环节，占 20%。例如，中班的创意美术教育活动“美丽的桃花”（吹画）。

（三）高度控制，幼儿自主欠佳

在活动的高结构化过程中，处于主要位置的是教师，孩子很难发挥主动性和创造性，活动气氛紧张，不利于孩子创造性思维的发展。在观察某幼儿园创造性美术活动的设计与实践过程中，我们发现教师的高控制力现象仍然存在。某幼儿园创意美术教育活动过程情况（三）（见表 4-12）。

表 4-12　某幼儿园创意美术教育活动过程情况（三）

	教师高控	教师低控	合计
数量/个	21	4	25
百分比/（%）	84	16	100

从表 4-12 可以看出，在 25 个美术创意教育活动中，多达 21 个活动（占 84%）的教师对教学场地的高度控制，从而在教学的环境上也变得紧张，阻碍了孩子的创造性思维。例如，在大班创意美术教育活动“大奶牛”中，孩子们的注意力都集中在看老师、观察老师上，无法自主创作。

不过也有部分教学活动表现出了教师鼓励幼儿发散思维，师幼进行良好互动，仅占 16%。比如在中班创意美术教育“我给妈妈做发型”，孩子们大胆，积极地来形容妈妈发型，与教师形成良好的互动，同时，教师也鼓励孩子们充分发挥想象力，为妈妈设计了一个特别的发型。整个活动中，没有刻意维护课堂秩序，但每个孩子都快乐而认真地进行着。

（四）忽视情感发展，启发引导不够

想象的艺术是直觉和情感共同创造的。对美的作品欣赏，幼儿对美术的情感需要唤醒，学生对美的直观感受也应该通过教师的培养，对幼儿的自我表现和创作这两点上起到积极的作用。但在幼儿园美术创意活动过程中存在着忽视幼儿情感发展的问题。某幼儿园创意美术教育活动过程情况（四）（见表4-13）。

表 4-13 某幼儿园创意美术教育活动过程情况（四）

	关注幼儿情感	忽视幼儿情感	合计
数量/个	5	20	25
百分比/（%）	20	80	100

通过表 4-13 可以看出，只有 5 个教学活动中关注孩子的情绪。在教学活动中，注重幼儿创造力的发展和爱的艺术。例如大班创意美术教育“我有一只大螃蟹”活动。教师要求幼儿通过对螃蟹外貌的描述和图片展示来唤起幼儿的思考。同时，它也让一些人对美术充满好奇和兴趣。表 4-13 中，有多达 20 项活动忽略了儿童的情绪，占 80%。例如，在大班创意艺术教育的“我是小侦探”活动中，教师只给孩子们提供了几张图片，并给出了简单的解释，没有与他们进行适当的沟通，也没有注意到他们情感体验的发展，在创作过程中，很少关注儿童的情感。

（五）分享流于形式，过场问题严重

儿童作品分享与讲述也是创意美术教育活动的重要环节。儿童看似简单的作品蕴藏着巨大的想象力。儿童分享和讲述作品可以促进儿童创作热情、主动性和创造性的发展。然而，通过笔者对某幼儿园美术教育活动实践与设计的观察与分析，发现分享只是一种形式，传递问题严重。某幼儿园创意美术教育活动过程情况（五）（见表 4-14）。

表 4-14　某幼儿园创意美术教育活动过程情况（五）

	有意义分享	过场化分享	没有分享环节	合计
数量/个	6	15	4	25
百分比/（%）	24	60	16	100

从表 4-14 可以看出，25 项创意艺术活动中有 21 项有作品分享，但真正有意义的作品分享只有 6 项，占 24%。例如，中班的创意美术教育“节日的礼物”（手工），教师要求孩子们介绍他们制作的礼物的名称，礼物是给谁的，为什么要送这样的礼物，然后教师做了一个简单的评论。

其他 15 项活动（60%）虽然有分享步骤，但大多是通过分享走走形式，即只关注是否有分享步骤，而不关注分享的意义。例如，在大班的创意美术教育活动“大奶牛”中，教师邀请孩子们分享他们的作品，但孩子们没有详细阐述。教师简单地评价了“好”“还行”“有点乱”等等，然后让下一个孩子分享。

另外，没有分享步骤的活动有 4 个，占 16%，严重剥夺了孩子描述作品、充分发挥想象力、提高语言表达能力的机会。比如，中班创造性美术教育的“厉害的龙卷风”活动。

五、幼儿在不同环节的参与度存在明显差异，创造性能力有待提升

教学效果是对整个教学活动的整体评价，也是儿童在活动中的表现和发现评价。通过对某幼儿园 25 篇创意美术教育活动设计文本的教学效果和活动实践的分析，发现幼儿在不同环节的参与程度存在明显差异，同时有待提升的是创造性能力。

（一）幼儿在不同环节的参与度存在明显差异

通过对某幼儿园创造性美术教育活动实践的观察发现，幼儿在教学介绍、教师讲解、示范、分享等环节有很高的积极性和参与性，能够与教师和其他幼儿积极互动，激发幼儿的艺术兴趣，使他们迅速融入艺术教学活动当中。在大班创意美术教育“我是小侦探”、大班创意美术教育“我为鳄鱼穿新衣”的介绍部分，孩子们热情很高，愿意与教师互动。在中班创意美术教育“节日的礼物”活动中，小朋友们在最后的分享环节表现出了明显的热情，其他小朋友都很期待展示的作品。然而，在自由链接创作阶段，儿童的参与明显减少，儿童的艺术素材出现了损失。有一些幼儿孩子感兴趣的活动老师直接展示幼儿完全模仿，比如随机的操作材料，随机的草图和图画。例如，在中班创意美术教育“玩转太空泥”（泥塑）、大班创意美术教育活动“美丽的花园”（想象画）的活动中，孩子们在自由创作时表现出一种心不在焉的状态，如环顾四周、摆弄材料等注意力不集中。

（二）幼儿的创造性能力有待提升

幼儿能不能自己独立的完成创作或有意识地表达自己的思想是创造性美术教育的重要组成部分。然而，在幼儿园的创造性美术教育活动中，孩子们对自己的作品不自信，问老师怎么做，模仿他人等现象，都反映出孩子的创作能力还没有真正发展，还处于模仿阶段。某幼儿园创意美术教育效果情况（见表 4-15）。

表 4-15　某幼儿园创意美术教育效果情况

	独立创作	模仿他人、对作品不自信	合计
数量/个	5	20	25
百分比/（%）	20	80	100

从表 4-15 可知，学前美术教育活动的 25 个创造性实施中只有 5 个是独立创造的，例如，中班创意美术教育“喷出来的美丽”（水粉画）的活动过程中，孩子们在教师的指导下进行了不同的喷画活动。在分享部分时，孩子们描述了自己的作品，充分体现了孩子们的创造力。

儿童模仿他人的活动有 20 种，占 80%，这说明很多儿童在制作作品时仍然缺乏相应的创造力和想象力，依赖于模仿他人。例如，在中班创意美术教育“有趣的手指点画”活动中，在教师展示了示范图片后，一部分孩子开始按照图片上的花朵形状用手指在自己的纸上点画。同时，在创作中，一些孩子也模仿其他孩子的作品进行点画。最后，在分享的部分中，孩子们展示的作品是大体相同，略有差异。

第三节　幼儿园创意美术教育存在的问题

幼儿园创造性美术教育是一项解放幼儿想象力、促进幼儿创造性发展的重要活动。笔者主要从教学目标、教育内容、教育实施过程、教育评价以及教师自身的艺术欣赏和艺术表达等方面分析了幼儿园美术创新教育存在的问题。

一、教育目标制定偏向行为目标

《幼儿园教育指导纲要（试行）》的艺术领域目标指出，教师为孩子们提供自由表达自我的机会，鼓励孩子们用自己喜爱的艺术形式大胆地表达自己内心的真实感受，并能够享受这样的艺术活动。《3～6岁儿童学习与发展指南》明确指出，艺术领域的教学目标是喜欢大自然中美丽的事物、生活中舒适愉悦的事物、美丽精致的艺术作品、大胆的想象力和积极表达自己的想法。上述大纲和指导方针表明，目标设定应以表达性目标和生成性目标为导向。生成目标不是预设的，而是通过一定的表现在活动过程中一些行为；表达性目标侧重于新颖、独特的想法和活动中的具体反应，而不是预定的结果。

二、教育内容选择的适宜性水平不高

幼儿园教育活动的内容要根据幼儿园教育活动的目标来选择，适合幼儿发展的教育内容可以促进幼儿形象和创造力的培养。通过对整个教育活动的观察和教学计划的分析，发现了以下问题。

（一）教育内容倾向中大班幼儿

某幼儿园的混龄班，小中大组的小朋友们都在同一家美术学校进行教育活动，《幼儿园教育指导纲要（试行）》指出，他们所说的美术活动是面向所有的儿童的，都有不同的特点和对儿童的不同要求，针对不同的特点培养儿童的美感和审美能力，促进儿童创造潜能的开发。由于班级类型的特殊性，教师在选择教育内容时往往更适合大龄儿童，教育活动的内容也往往是大中班儿童群体。

例如，在一次剪纸教育活动中，教师将年龄较大的孩子与能力较强的中班孩子分为同一组。这组的幼儿进行剪纸活动，剩下的中组幼儿和小组幼儿一组进行线条绘画的活动。对于大组和部分中组幼儿在剪窗花的过程中出现不同状况：有的幼儿不会折纸，有的幼儿剪反了，教师帮着剪，还有的幼儿将线条剪通了，还有的幼儿不敢剪，坐在那不敢动剪刀，教师剪一下后，窗花就一直在那放着，幼儿不敢自己剪。幼儿在教师的鼓励和指导下能剪出窗花，只有个别幼儿迟迟不能剪出来。最终大部分幼小组幼儿和剩下的中组幼儿也都有了自己的作品。通过观察教育活动发现幼儿园的教育内容倾向中大组幼儿，把大组和一部分中组的幼儿当作同一年龄段进行剪窗花活动，其他中组剩下的幼儿再与小组的幼儿进行线条绘画活动。虽然小组幼儿和剩下的中组幼儿也一样对窗花感兴趣，时不时地回头看剪窗花，被窗花所吸引，问教师大组幼儿在干什么，我也想剪那个，但是教师却很少理睬小组幼儿，只关注了大组和部分中组幼儿。通过观察发现无论是绘画还是手工还是其他形式的活动，教师经常以这样的分组状态进行。在教育活动中，每个孩子都是独立的个体，孩子们以不同的方式学习和接受。每个孩子都有独特的思维方式。然而，在美术教育中，教师往往选择适合中、大群体儿童的教育内容，这在一定程度上阻碍了其他群体儿童创造力的发展。

（二）教育内容选择脱离生活经验

《3～6岁儿童学习与发展指南》明确指出，在内容的选择上，要贴近儿童生活，在内容上从生活中找到儿童感兴趣的。教育内容的选择不仅要根据儿童的生理特征、年龄特征和审美能力的发展水平来组织艺术欣赏活动，还要考虑美术教育内容的选择与儿童的生活、儿童的生活经历密切相关。

在"线条游戏"活动中，有的幼儿不知道爸爸的领带是什么样的，也就无法进行描述和想象，可以让幼儿联想自己衣服上的条纹或者比较熟悉物品的纹样等；在"小果果"活动中，不一定只画盘子或者筐子，可以画幼儿家里的果盘或者买回来是装水果的袋子；等等。幼儿园课程框架下构建的不仅仅是概念和逻辑，而是在经验逻辑中的设计。教师对教育内容的选择对幼儿创造性美术教育活动的开展有很大的影响。内容的选择是否贴近幼儿的生活，在教育活动中起着非常重要的作用。艺术来源于生活，创意艺术的素材选择大多来自于幼儿熟悉的日常生活和自然，为创意美术教育活动提供了发展空间。教师引导幼儿利用日常生活中的物品或废弃物，发展想象力，制作幼儿所需的教具，变废为宝。在创造性美术教育中，一些教师在内容选择上往往偏离生活经验，不符合儿童身心发展的规律，导致儿童无法适应教育内容。

三、教育活动实施过程忽视幼儿的自主性

教育活动的重要组成部分是教育的实施过程。在教育活动的实施中，活动的设计者也不再是单一的教师，师生关系也不再是主动和被动的关系，而是互动对话的伙伴关系。通过分析对幼儿园美术创意教育活动过程的观察和教案分析，发现以下问题。

（一）教师指令主导教育过程

创造性美术教育活动主要是解放儿童的想象力，促进他们的创造性思维。教师引导教育过程的指导很可能使孩子无法按照自己的想法进行创作。受教

师指导的限制，儿童的想象力不能得到充分发展，创造性思维也不能得到相应的发展。人一生下来就是一个学生，但不是专门指教师的学生，教师只是在自然环境中激发孩子成长，起着引导作用。

《幼儿园教育指导纲要》指出，教师应成为幼儿活动的教练员、合作者和朋友。教师应该与孩子平等相处，尊重他们的想法，关心他们的兴趣，给他们表现自己的机会，鼓励他们大胆地表达自己的想法。通过观察和记录发现，在教育活动中，教师经常以命令的口吻下达命令，教师的引导词如“这边看”“小手请放后面”“小耳朵竖起来”“哪里发出的声音”“安静地听老师讲课”等经常出现。在一项活动中，这种刺激的词语出现了不止一次。一开始，孩子们也配合教师安静地听。类似的单词出现多次后，孩子们就习惯了。有些孩子开始环顾四周，在自己的世界里玩耍。当其中一个孩子看到另一个孩子开始玩耍时，他们很可能会离开这个活动，走进自己的一面。

教师没有给孩子们自由表达思想的机会，没有给他们足够的理解和支持，而是一味地要求孩子安静、听话，使孩子的思想也飘走，孩子的创造性思维会受到一定程度上的影响。

（二）过程中师幼互动不足，忽视幼儿内在体验

教育部《幼儿园教育指导纲要（试行）》指出，教师在教育活动中要关注孩子的表现和反应，孩子的需求和兴趣要及时地关注，尽量满足孩子的好奇心，形成合作探究的师生互动。教师在儿童创造过程中既是监督者，又是引导者和帮助者。然而，在教育过程中，许多教师在给孩子们示范后，通常不再提问。在教育过程中，教师很少给孩子指导或与他们互动，让孩子自己创造，而忽视了他们的内心体验。教师与儿童之间缺乏互动，儿童一般不会主动寻找教师，心中有问题，不易表达，最终创作难以达到理想的效果。

四、教育评价注重结果忽视过程

教育活动的最终流程是教育评价，教育的过程不可缺少的环节就是教育评价。《幼儿园教育指导纲要（试行）》明确指出，幼儿园教育的非常重要的环节就是教育评价，是教师反思教育活动效果的有效途径，还是促进儿童创造力发展和提高教育活动质量的重要方法和手段。

（一）评价过于注重幼儿作品与范画的相似度

《幼儿园教育指导纲要（试行）》指出，教育评价要充分了解幼儿的动

态和发展，防止片面评价，不能只注重技能和技能的习得，而忽视创造过程和幼儿的内心感受。由此可见，教师不能随意评价。对教育活动进行有目的、有针对性的评价。他们不仅要评价孩子最终作品的结果，还要全面评价孩子的参与和创作状态。评价的内容应与儿童身心发展相一致。

（二）评价在幼儿之间横向对比，忽视个体差异

每个孩子都有自己的想法，他们的创造力是独一无二的，教师不能否认孩子的创造力，面对不同的幼儿教育，每个孩子都是一个独立的个体，所以教育评价应该关注孩子的个体差异，避免对不同的儿童作品使用统一的标准评价，不在孩子之间作比较。《幼儿园教育指导纲要（试行）》指出，教师在评价中应注意幼儿之间的个体差异，避免使用统一的标准来评价不同的幼儿，谨慎地在幼儿面前使用横向比较。通过观察发现教师在评价时容易用同一个评价标准对不同幼儿进行评价，如在“线的多变画”第二周活动中，有的幼儿在纸杯上画房子和车子，教师感觉不像或者涂色不均匀，就对幼儿说可以看看某某小朋友画的，他画的比较好，指着幼儿的作品对那个小朋友说你看这是窗户，这是门等，另一个幼儿听到后会感觉自己作品不好，不如那个小朋友的。儿童的发展是一个循序渐进的过程，每个儿童都是沿着相似的发展过程成长的，但发展的速度和达到一定水平的时间并不完全相同。对于一些孩子来说，现在的作品比以前好了很多，但是一些孩子可能已经达到了更好的水平，教师尽量不要用统一的标准来评价不同孩子的作品，以免影响孩子的创作兴趣，尽量不要在孩子之间横向比较，他们在创作上的积极性就会被影响。

五、教师的美术鉴赏力和艺术表现力对教育活动的影响

美术鉴赏是利用感知、记忆、经验和知识来感受、体验、分析和判断艺术作品的，从而获得审美享受和艺术知识的过程。艺术表现是培养人们感知美、欣赏美、创造美的能力。艺术表现力是指艺术作品的感染力，其目的是促进人的身心和谐发展。艺术欣赏和艺术表现能力应与现有的网络技术相结合，利用丰富的设备资源提高教育活动的质量。各种材料和资源帮助幼儿发展创造力。通过教学计划，笔者发现某幼儿园教材和资源不足。每项教育活动几乎都是用笔和纸，而且同一材料的案例很少超过三个或更多，因此儿童受到有限材料的限制，无法创造性地玩要。在教学资源的运用上，PPT 课件、视频、音频、图片等很少涉及，导致儿童的想象力无法得到充分解放。

第四节　幼儿园创意美术教育的基本策略

一、转变教学理念，促进幼儿发展为本

教学理念就是指教学活动的看法、基本态度和观念三点。要改变传统的美术教育观念，注重促进儿童的发展，提高儿童表现美、创造美的能力，提高儿童的个性。

（一）注重体验教学，包容幼儿个性

生命是运动不止的，静止意味着结束。但生命不仅仅是不断的运动，生活是一场产生新内容的创造性运动。创造力是生活的本质特征。在生命哲学中，经验被视为理解生命的一种方式，而生命总是意味着经验。美学把体验视为一种生命感受，一种深刻的理解和情感的高涨，最终达到主客体的高度统一。当一个人真正体验时，语言无法完全表达体验，体验中常常有一种“无法表达”的感觉。经验带来了创造的可能性。经历过汶川地震的孩子们画了地震的照片，展示了可怕的地震，展示了他们的绝望和恐慌。这些孩子发现很难通过绘画来表达他们的感情。幼儿园在开展创造性艺术活动的过程中，要注意幼儿自身的体验，充分调动幼儿在活动中的感官。只有在这样的教学氛围中，孩子们才能真正感受到自己的价值，发展自己的个性。人格是儿童整体精神面貌的总称。创造力在于人格，人格的发展离不开环境和教育。因此，创造性美术教育应包括儿童的个性特征。每个孩子都是独一无二的。每个孩子都是一个独特的个体，具有独有的特征。在教学过程中，不仅仅要尊重孩子的特点，孩子的思想和观点也是需要尊重的，美术独特的表现力也需要宽容和欣赏。

（二）了解幼儿特点，做到因材施教

教师在开展创造性美术教育时，应通过日常生活和教学了解每个孩子的发展和特点，关注孩子的优势，弥补他们的不足，促进孩子身心的和谐发展。教师应根据每个孩子的不同特点、兴趣爱好、个性心理、艺术发展、创造力发展等设计不同的梯度教学目标，使每个孩子都能得到一定的发展。例如，孩子在日常生活中有各种不受约束的想法，在创造性艺术活动的过程中也有各种新奇古怪的想法。但在创作中，由于缺乏艺术表现能力，他

不能很好地表达自己的思想。对于这类儿童，教师应更加注重艺术表现能力，通过引导和启发，帮助他们用艺术语言表达心中有趣的想法。

（三）教师低控，重视幼儿创造性的发挥

我们应该从小培养孩子的创造力，应该把他们与生俱来的创造欲望激发出来。艺术活动本身就具有很强的创造力，教师应在教学过程中灵活运用各种方法，开拓儿童思维，激发儿童联想和想象力，促进儿童创造力的发展。罗恩菲德认为，儿童自由发展创造力的一个标志是他们在艺术作品中创造性地表达自己想法的能力。因此，教师应尊重儿童的创造，尊重活动过程中的低控制原则，给予儿童足够的活动和思考时间，减少教师对儿童的干预。儿童的创造力不同于成年人，他们的创造力、自发性极强，但针对性差，教师应认识到儿童的特点，尊重儿童在教学活动中的主体地位，关注儿童自身的发展，尊重儿童的个性，注意倾听孩子的想法和意见，重视其兴趣，遵循孩子认知发展的规律，为孩子创造一个“我”是活动的主人，“我”引领这一活动的氛围，在这种氛围下调动孩子的主动性，提高孩子的参与度，让孩子们享受艺术活动的快乐，在愉悦和放松的感觉中提高孩子们对美的感知和创造美的能力。

二、明确教学目标，发展幼儿创造能力

教学目标指导着整个教学活动的发展方向。教学目标的设计是否合理，对幼儿能力的发展有很大的影响。科学的目标对于促进教学的发展和儿童的发展具有重要的作用，有利于培养儿童的创造能力。本书以《基础教育课程改革大纲（试行）》中的艺术领域、《3～6岁儿童学习与发展指南》、《幼儿园教育指导大纲》为基础。根据幼儿艺术发展的一般规律，设定幼儿园艺术创意教育活动的总目标和分目标如下。

（一）幼儿园创意美术教育总目标

能够发现和欣赏社会生活、大自然和美术作品中的美，热爱创造性的艺术活动，在活动过程中进行大胆的表达和创造。

（二）幼儿园创意美术教育分目标

本书以《基础课程改革纲要（试行）》为依据，从情感态度与价值观、过程与方法、知识原则与技能三个维度确定了幼儿园创造性美术教育的目

标，以下是事它的设定原则。

1. 情感态度与价值观

当孩子们喜欢创造性的艺术活动时，他们可以获得积极的情感体验，进而对艺术活动产生持久的兴趣。孩子们可以以个人或集体合作的形式积极参与活动，这有助于他们在活动过程中建立自信并勇敢地表达自己。积极参与创造性艺术活动的儿童能够感知作品情感,并表现出自然的表情或身体动作。

2. 过程与方法

（1）在创作过程中，幼儿能够主动表达自己，独立完成作品，不受外界干扰，有创作欲望和信心，享受作品的创作过程。

（2）在活动过程中,通过对自然生命、文化和艺术作品的观察和体验,幼儿可以感知和欣赏美，理解艺术表现的方式，从而获得审美体验，形成审美感知能力。

（3）愿意分享自己的作品和创作过程，并能独立欣赏和评价自己的作品。

3. 知识与技能

初步掌握一些基本的艺术表现手法和技巧，有初步的艺术表现和创造力，在艺术创作中手、眼、脑协调，动作更加一致准确。

三、丰富教学内容，增强幼儿创作兴趣

教师教给幼儿的思想、知识、技巧、技能、观点、信念、言语、行为、习惯的总和就是教学内容。在美术教育中，丰富生动的教学内容能激发幼儿的情感体验，激发幼儿的创造兴趣。教师在选择创造性艺术的教学内容时，在幼儿认知经验符合的基础上，可以从以下几个方面进行教学内容的选择，以更好地促进幼儿的表现力和创新能力的发展。

（一）源于生活，选择幼儿身边的人与事

生活是艺术的源泉，艺术来源于生活又高于生活。通过艺术活动和日常生活，儿童可以获得感知和欣赏美的能力，提高审美素养，从而以更艺术的方式表达生活，美化生活、提高生活兴趣。儿童的艺术学习与日常生活密切相关。儿童只有观察生活，体验情感，才能从想象和创造中获得灵

感，提高美术能力，丰富情感。

教育属于生活，教育是为了生活，而教育要依靠于生活，又有赖于生活。人们接触到的一切都是艺术创作最直接的主题。在选择创意美术教育的内容时，要贴近幼儿的实际生活，注重与幼儿的生活体验建立教学联系。儿童生活中的一切都可以作为创造性美术教育的内容。和成年人相比，孩子们看到的是一个完全不同的世界。孩子们的想法无拘无束，他们看到的星星像勺子和眼睛，雨像糖果，云像棉花糖……在孩子们的眼里，生活中的一切都有爱的温度。他们是如此的可爱和有趣。成年人很容易被固定的思维方式所束缚。对孩子们来说，世界是丰富多彩的，每一天都是新的，一切都是神奇的和可爱的。他们好奇的头脑使世界丰富多彩、神奇和有趣。他们通过视觉、听觉、触觉、味觉和嗅觉等丰富的感官来探索世界上所有美好的事物。教师要仔细观察和体验儿童的生活世界，尽量从儿童的角度看世界，选择儿童在生活中接触到的事物作为创作艺术活动的主题和内容。孩子只有了解和理解，才能充分激发他们的创作欲望，促进他们的表现和表达，创造出鲜活、生动、富有创造性的作品。

例如，以“我的生日”和“疫苗接种日”为内容的综合物质艺术活动和绘画创作活动。这些都是在儿童生活中的真实体验，使儿童具有创造和表达的欲望，丰富的情感体验，使他们能够充分发挥想象力进行创作。例如，在以“疫苗接种日”为主题的绘画活动中，在创作过程中有的孩子把针管画的很大，有的孩子把自己画成了奥特曼……孩子们从这些绘画中表现了自己。

（二）亲近自然，选择优美的景色和动植物

幼儿园创造性美术教育的宝贵资源是大自然给的。陈鹤琴先生指出，“自然和大社会是我们的活教科书”。在自然资源丰富的世界中，为孩子们提供了各种各样的自然艺术素材。天然材料具有巨大的教育价值和独特的美感，为儿童提供丰富多彩的艺术活动材料。自然材料的不同形式和自然美可以不断激发孩子们的创作灵感。孩子们很容易接触到大自然，孩子们对大自然的一切都很好奇，可以让孩子们在一堆沙子上玩一下午，孩子们还会在几条小金鱼身上观察几个小时，大自然给孩子们带来了无数快乐的新体验，可以锻炼身心，陶冶情操。在内容选择上，幼儿园的创造性艺术活动应该是自然的。根据幼儿的认知体验和兴趣，选择美丽的风景、生动的动植物、自然界的花木、日月星辰等作为幼儿园创造性美术教育的内容。在教学过程中，观察其色彩、形状、细节等特征，使儿童在欣赏和感知自

然的过程中获得审美情趣，把美好的事物用美术的方式来表现。

例如，在创作艺术活动“梅花朵朵开”中，以新颖的吹奏和绘画形式吸引着孩子们的兴趣。在这个过程中，孩子们可以了解梅花，感受梅花的独特美。孩子们开始创作时，可以通过吹奏和绘画来表达梅花的美丽。

（三）浸染艺术，选择中外优秀美术作品

在漫长的历史发展过程中，世界各地涌现了许多著名的艺术家和艺术流派。在幼儿园开展创造性美术教育时，可以充分利用世界各地的优秀艺术作品，选择符合幼儿认知水平的世界优秀艺术作品，提高幼儿的艺术素养，促进幼儿审美能力的发展。杨敬之指出，幼儿美术教育的起点要高，让幼儿能吃好自己的“第一奶”，在优秀的艺术作品下感受艺术的魅力，提高幼儿的审美能力。教师可以根据创造性美术活动的主题和内容，在教学中选择一些适合幼儿欣赏的经典艺术作品。当孩子们接触到艺术时，他们会受到启发，这对他们综合艺术能力的发展起着重要的作用。让孩子们向艺术大师学习，从经典作品中感受艺术的魅力，让孩子们站在巨人的肩膀上，顾菁在《在美国幼儿园上美术课》一书中详细叙述了在美国幼儿园上美术课的形式和日常。这本书详细描述了美国幼儿园艺术课的形式和日常生活。在课堂开始时，教师会先让孩子们欣赏与课堂主题相关的世界优秀艺术作品，名画鉴赏占了课堂重量和时间的一半。在教学方法上，教师不会把晦涩难懂的艺术哲理告诉孩子，而是根据孩子的发展，用通俗易懂的语言帮助孩子从自己的角度去感知、欣赏、理解作品。中国传统绘画、剪纸、青花瓷等精美的艺术作品也是感受中国传统文化博大精深魅力的不错选择。幼儿园还可以从国画中学习一些有趣的绘画形式，对激发幼儿的兴趣，调动幼儿参与艺术活动起到很大的作用，使幼儿爱上艺术，享受艺术活动。例如，著名的国画大师潘天寿就有独特的手指画风格。他手指上的墨花，被《新放》《朱荷》的墨迹弄脏了。荷叶用手掌墨画，线条用指尖画。生动的魅力是笔力所不能及的。开展类似的艺术创作活动，可以充分调动幼儿的感官，通过肘部、前臂、手腕、手掌、手指等部位创作出丰富多彩的作品，让幼儿在玩耍的过程中体会到艺术的魅力，培养幼儿的创造力和表达能力。

四、创新教学方式，鼓励幼儿艺术表现

在幼儿园创意美术教育中，重点是幼儿，要反复研究在教学方法上的

选择和确定。传统的美术教育不利于儿童艺术兴趣和创造力的培养。教师应在了解幼儿身心发展的基础上，结合教学内容，创新教学方法，用多种方法启发幼儿思维，鼓励幼儿创造，建立合理的教学环节，给幼儿足够的时间去观察、体验和思考，并鼓励幼儿的艺术表达和创作能力。

（一）教学方法的选择

在美术的传统教育中，一般采用的方法有两种：灌输式和接受式。主要包括：教师的机械叙事、儿童的被动接受；教师盲目示范，孩子被动模仿。这种传统的美术教育方法过于强调语言教学和技能实践，不利于激发幼儿的创造力和个性的发展。艺术将不再被用作儿童表达自我和创作的媒介。在创造性美术教育活动中，要以儿童为中心，注重儿童的学习和经验，根据教学对象、教学内容和要求，在基本美术教育方法的基础上，灵活采用以下几种教学方法。

1．多感官参与教学法

多感官参与教学法是指在教学活动中充分调动儿童的视觉、听觉、触觉、嗅觉、言语感知等感官，突破单纯视觉传递带来的有限效果，使儿童在多种感官的作用下，获得更多有利于自我建构的信息。通过调动孩子的各种感官参与合作，让孩子对事物和艺术作品的感知和体验更加丰富。教师在使用多感官参与教学法时，应根据教学内容选择适当的辅助参与方法和材料，如视觉、听觉、触觉、嗅觉等，以促进儿童对事物或艺术品的多方面感知和理解，帮助孩子更好地表达和创造。例如，在“厉害的龙卷风”创作艺术活动中，教师首先邀请孩子们欣赏宋代画家李椟的画作《风雨牧归图》，并观察画家李椟如何表现“风”。然后教师让孩子们观看龙卷风发生时的视频，了解龙卷风发生时的情况。接着，利用风扇，感受风的感觉，想象一场巨大的龙卷风将房屋和汽车吹走。最后，请充分发挥你的想象力，思考龙卷风将使用什么样的线条，然后再创作。

2．情景体验法

情境体验法是指教师根据一定的教学目标设置相关的情节情境，创设一定的情节或选择一定的生活片段，让幼儿扮演角色并亲身体验。幼儿园在开展创造性美术教育活动时，要尽可能多地创设相关场景，使幼儿有积极的体验，激发幼儿的想象力。在运用情景体验教学法时，教师要注意引导幼儿充分感知。在创设情境时，还应注意结合幼儿的生活经验，创设幼儿能理解的情境，从而引发幼儿的情感共鸣和创作欲望。此外，教师应将整个教学活动纳入场景中，不要在引言部分创设精彩的场景，而在后续的一些环节中脱离场景。通过创造与主题内容相关的场景，让孩子扮演一个角色，幻想自己在想什么、在做什么，让他们像演员一样开始自己的创作艺术之旅。有了足够的场景情感体验，孩子们可以更好地投入创意美术活动。例如，在一次创意美术活动中，在绘本阅读课上，老师联系绘本《点》的情节，创设相关情境，让孩子想象自己是绘本中的主角。用绘本故事为幼儿创造场景，让幼儿想象自己是绘本的主角，激发幼儿的想象力和思维，激发幼儿的创作兴趣。在设计活动时，教师还应充分利用视觉、听觉和可感知的教学媒体为活动做准备。以"假如我是地球母亲"为主题的环保创意美术活动。老师给孩子们播放各种各样污染环境视频的，地球面临着各种各样的挑战。再将图片与几百年前的地球进行比较，然后让孩子们充分发挥他们的想象力。假设你是地球母亲，你感觉怎么样?孩子们在活动中能够专心的创作于自己的作品，也表现得很活跃。

3．发现教学法

发现教学法是受教育者在教育者的指导下，积极地对事实和问题进行探索和思考，通过自己的独立探索和思考，掌握有关问题的基本原理和规律的一种教学方法。发现教学法能提高幼儿发现问题的能力，促进其创造性思维能力的发展。在教学中使用发现教学法时，学生应该被视为这一领域的小科学家。在创造性美术教育活动中，教师要注意幼儿探索和学习的过程，调动幼儿对问题的主动性和积极性，鼓励幼儿寻找解决问题的方法，帮助幼儿掌握自主学习能力。例如教师在指导幼儿将绘画内容画大、画面内容要丰满、涂色要均匀时，将占满整张纸、画面内容丰满的作品与只是在纸的一角绘画、画面内容松散的作品放在一起对比，让幼儿观察哪个作品给你的感受更好、你更喜欢哪个作品，两张作品有什么不同。再将涂色均匀与涂色不均匀的绘画作品放在一起对比，让幼儿观察有什么不同，哪一个带给你更舒服的感觉。让幼儿自己思考与探索如何更好地表现美让他更加印象深刻且有成就感。

4．多向思维教学法

多向思维教学法是指在美术教育活动中，教师根据教学目标和内容为儿童提供一个主题或问题情境，使儿童能够从多个方向、多角度以多种艺术表现形式思考一个主题。例如，在叶子拼贴的创意艺术活动中，教师收集孩子们捡起的各种类型的叶子，并引导他们观察每种类型的叶子，拿出一片叶子，让孩子们观察。如果它是某种动物或动物的某一部分，它是什么？有的孩子说兔子的耳朵，有的孩子说鱼的尾巴，有的孩子说你也可以把尾巴画成小鱼，有的孩子说乌龟的脚。然后教师让孩子们想象它是一辆车还是一辆车的一部分可以是什么？一些孩子说那是一列火车，一些孩子说那是一艘船，一些孩子说那是一个机翼。又例如，以“我心中的母亲”为主题的绘画活动。教师引导孩子们思考他们的母亲长什么样。他们的眼睛、鼻子和面部特征是什么？妈妈生气、高兴时是什么样子？妈妈做饭的时候长什么样？妈妈称赞你时说什么？妈妈是怎么批评你的？你最喜欢妈妈的哪一点？当你高兴的时候看到你妈妈，你的感觉和悲伤的时候一样吗?……在指导上给孩子以多种方式、多角度思考和想象的主要作用是打开孩子的思维，让孩子在多种情境中画出不同的母亲。画面生动，表达了孩子们的感受和想法。这种方法的作用是促进儿童思维活动的灵活性和独特性的发展，教师有意识地创造一定的情境和主题，打开儿童的思路，帮助他们迸发出想象的火花。

（二）教学环节的设置

在经过大量的分析和研究之后，在某个幼儿园实践过程中，结合课堂实践，笔者构建了创造性美术教育活动的教学过程框架，包括以下几个环节：营造自由、创造氛围；活动导入，吸引幼儿。

1. 营造自由、创造氛围

学校美术教育的灵魂和初衷是自由与创造。教师不仅要为孩子创造自由，还要有创新的精神环境。一个动态、轻松、自由的教学环境更有利于充分发挥孩子的个性，激发孩子的创造潜能。《3～6 岁儿童学习与发展指南》指出，在美术教育中，主要是营造出心理氛围，让孩子敢于、愿意表达自己。心理学家罗杰斯认为，心理安全和自由是促进创造力发展的两个重要条件。罗恩菲德指出，儿童表达的过程就是创造的过程。因此，在进行创造性美术教育时，教师应该为孩子提供一个心理安全、自由的环境，鼓励孩子以艺术的形式积极地表达自己。在轻松自由的氛围中，孩子更容易获得积极的情感体验，保持专注的状态。教师应该为孩子们提供一种创造性的安全感。孩子们不担心因为画得不好而被人注意。一切形式的自我表现都应该得到支持和鼓励。同时，教师不应该对孩子控制得太严格。在压抑的氛围中，孩子变得胆小，缺乏自由表达和创造力。但这里的自由不等于绝对的自由，放任不等于不健康和不受控制的状态。创造性美术教育需要自由，需要以儿童为主体，但这并不意味着乱而无序和随意发展。

在开展创造性美术教育时，教师还应为儿童创造一个倡导创新的环境。要想孩子们有创新的思维和创新的头脑，孩子们成长的地方要在创新的环境下。要营造提倡创新的教学环境，教师应该是创新型教师。研究人员指出，如果想激发创造力，首先应该让自己成为一个有创造力的人。事实上，很多教师自己都很有创造力，但他们却没有意识到这一点。比如他们在创造环境时所做的装饰，孩子们在家里使用的日常用品，孩子们用废弃材料制作教具等等。教师应该在与孩子的互动中发现自己的创新精神，学会做一个孩子，从自己的角度观察和感知世界，成长为一名创新型教师。此外，教师应倾听孩子们奇怪的想法和反馈，在活动中容忍一些孩子，注意孩子这样做背后的动机，与孩子沟通并理解原因。

2. 活动导入，吸引幼儿

要吸引孩子的注意力可以通过有趣新颖的活动导入，从而使幼儿的兴趣和进行创造的欲望被激发出来。在活动导入环节，以下方式可以灵活采用。

（1）激发孩子的好奇心，激发他们的创作欲望。好奇心是兴趣的先导，好奇心是创造的前提，好奇心是儿童的主要心理特征。教师应充分利用孩子对一切事物的好奇心，激发孩子的创造欲望。他们能巧妙地把握孩子的好奇心和孩子容易被新事物吸引的特点，从而激发他们的创造欲望。例如，在手指画的创作艺术活动中，教师首先提出这样一个问题："你见过用手指画画吗?手指会吗?今天老师带你去用手指画画!"孩子的好奇心突然被吸引住了，从而学会了用手指画画。通过提问和引导，激发孩子的好奇心，使孩子产生极大的兴趣，激发他们的创造欲望。

（2）欣赏名画能引起情感共鸣。优秀的艺术作品能引起幼儿的情感共鸣，要提高幼儿审美，在情感体验上，要获得美的感受。教师可选择与本课程主题相关的世界名画作为导论，引导幼儿参与本课程的艺术活动。在孩子开始创作之前，他们可以欣赏艺术大师的作品，获得灵感。直觉和情感创造了想象的艺术。在美的作品欣赏过程中，可以唤醒儿童对艺术的情感。

（3）创设有趣的情境，在兴趣上激发孩子。在开始创作之前，为孩子在情境上创造一个有趣的美术教育活动。通过生动、具体、形象的教学情境，让孩子有身临其境的感觉，进而吸引孩子的注意力，激发孩子的学习兴趣和创造动机。教师可以充分利用现代教学设备和教学技术，为孩子们营造生动有趣的学习氛围，激发他们相应的情感和态度。在创设情境时应注意：第一，新颖性是创设情境必要条件，能够激发孩子的新奇感；第二，有使用性和意义，而不仅仅是为了创设情境而创设；第三，具有启发性，在感受和体验上会很丰富，从而孩子的想象力会被激发。

五、优化教学评价，关注幼儿个体差异

传统的教育评价往往更注重儿童的认知能力和技能。在幼儿美术活动中，教师往往更加关注幼儿的最终艺术作品，用“好”“喜欢”来评价幼儿作品。评价标准相对来说也是一成不变的，不利于儿童的个人成长和创造力的发展。仅仅以设计、形状、颜色等艺术美的标准来评价孩子是不公平的。艺术能力确实很重要，但它只是儿童全面发展的一部分。因此，幼儿园应优化教学评价，重视幼儿的个体差异。在评价中，不仅要评价艺术品，还要注意孩子的态度、注意力、创造力、毅力和兴趣。我们不仅要在孩子活动的过程中通过一些评价来促进孩子的进步，更要通过评价让孩子了解合作的意义和价值，帮助孩子学会欣赏他人的作品；在创造的过程中，教师也要注意给予幼儿创新的想法，积极的思考，认真鼓励幼儿的创造，让幼儿有更多的动力去完成自己的工作。仔细运用或不运用横向比较，关注幼儿在每次艺术创作活动中的变化和艺术能力的发展，鼓励和支持幼儿。

（一）评价内容多元化

就幼儿美术而言，传统的教育评价往往更注重美术作品的结果，即儿童完成的美术作品，而评价往往只关注作品本身。不可否认的是，儿童最终的美术作品能够清晰、直观地反映出这一阶段儿童美术能力的发展水平，但与此同时，儿童在美术活动中的行为也非常重要。在幼儿园开展创造性美术教育后，教师对幼儿的评价往往局限于幼儿作品的表现，较少关注幼儿创作的过程和思路。因此，教学评价在评价儿童美术作品的同时，也要注意过程评价。开展工作可以从以下几点开始。

1．主动性和兴趣性方面

在创意美术活动中，主动性是指表达自己积极的欲望，在完成作品时率先表达出来。兴趣性是指幼儿对创造性美术活动是否有热情和热爱的程度，在这个过程中是否感到快乐和满足。

2．创造性方面

创造性方面是指，在创造性的美术活动中是否有自己的想法和构思，在活动过程中不受教师和同伴影响的品质。它分为以下三个层次。

（1）有不一样的想法和独特的思想，能讲出自己完整的想法。在创造性美术活动的分享与讲述部分，当邀请孩子们解释他们的作品时，孩子们丰富的思想和各种新奇的思想有时无法通过美术作品来展示。在创造性的美术活动中，有自己的原创想法并能够表达出来非常重要。在教师的指导和启发下，大多数孩子都会有各种各样的想法。

（2）在创作过程中，不受教师和同伴的影响，在创作上有自己的想法。由于这个年龄段的孩子很容易受到周围人的行为的影响，喜欢模仿，尤其是教师的言行会对孩子产生很大的影响。在一次叶贴画创意艺术活动中，教师邀请孩子们欣赏了一些海报后，举了一个例子："孩子们，你们可以做一个水下世界，一只小乌龟，还可以做很多很多。"后来，他发现很多孩子都做了一个水下世界和一只小乌龟。有些孩子在活动中很容易受同龄人的影响，容易模仿其他孩子。

（3）能根据自己的想法灵活运用各种造型、方法和技巧进行创作。在创造性的美术活动中，虽然有些孩子很有想象力，但由于艺术表现力差，他们不能很好地表达自己。能够灵活运用各种造型、方法和技巧，根据自己的想法进行创作，这是创造力的最高境界。

3．表现性方面

在表现自己的过程中，愿意通过美术对一些比较简单的形式和规律进行很好的创作。通过线条、形状、色彩、画图上等美术表现方式的应用以及对美术工具的使用情况。

4．专注性方面

儿童在创造性美术活动中对创作的专注程度就是专注性，主要通过观察儿童的注意力集中和坚持的程度来判断。表现在幼儿在教师的引导、启发阶段和自我创造阶段能否长时间保持注意力。

5．自我评价方面

幼儿在完成作品之后对自己的看法就是自我评价，从中欣赏自己的作品，看看自己创作的美术作品是不是很喜欢，并且分享自己在创作时的想法和创作过程。

（二）评价方法综合化

1．相对评价法

相对评价方法是与绝对评价方法有关的。它指选择一个或多个评估对象作为参考参数,然后将每个评估对象与确定其总体位置的参考参数进行比较。绝对评价根据的标准是统一的，然后将评估对象与评估对象进行比较。由于地区和国籍各不相同，儿童的教育水平各不相同，儿童在艺术发展方面各不相同，儿童在幼儿园创造性活动方面也各不相同。因此，使用唯一的标准来评估学前儿童是不真实的，因此相对评价方法更加公平和客观。在进行评估是，教师可以根据当地情况，更好地促进创意美术活动的开展和学前儿童的发展。

2．档案袋评价法

在苏贵民教授的《幼儿发展评价》一书中，苏贵民教授将儿童发展评价定义为一种系统，有针对性和连续收集代表个人成长、成功和一段时间表现的作品。根据教师和儿童发展的期望，儿童和教师共同评价儿童的学习和进步，分析儿童的发展水平，并提出发展目标，以便教师能够指导和帮助儿童。幼儿园对创造性美术教育的评价应采用综合评价制度，全面记录儿童在所有创造性美术活动中的情况，以便客观和科学地评价儿童的发展。具体步骤如下:①设定学习目标。在学期开始时，教师应该根据课堂上孩子的发展，通过创造性的艺术活动来规划孩子们应该实现的目标。②确定方向和目标之后，有必要制定活动的规划和目标的创意课程。③收集和归档数据，定期收集与目标有关的活动，观察幼儿在创意美术活动中的表现，并辅以批注，并登记在一个文件夹里进行归档。必要时补充照片或视频。除了收集儿童作品外，我们还应该注意那些展示儿童个性和独特能力的作品。④通过分析资料，教师应该定期审查和分析数据的收集和在此期间每个孩子的发展特点。孩子们也可以选择他们想要保留的东西，解释为什么，并写下来。教师还必须定期分析和评价儿童在创造性活动中的发展和进步。他们可以在学期开始、中间和结束时比较和解决儿童的作品和创造性活动的整体表现，并仔细阅读和解决具有儿童独特特征的作品。最后，对儿童的一般发展和进步进行分析、评价和记录。

3．教师评价与幼儿互评相结合

在传统的教育活动中，经常以关注教师的评价为主要，孩子们处于“等待”地位，等着教师的评价。虽然没有评价分类的方法，但儿童仍然处于被动的“等待”评价状态。教师通常在教育评价中发挥主导作用。教师的评价往往是主观的。教师们从成年人的角度来看待孩子们的作品，这是不公平的。在创造性活动的范围内，幼儿园应使儿童能够参与评价，以达到参与多样化的效果。作为一门评估的主题，孩子们对同龄人的世界了解得更多，这样他们就能更好地欣赏同龄人的作品。应该指出的是，在相互评价过程中，教师应尽量避免对儿童进行太多的批评。让我们展示。通过这种方式，对儿童的相互评价过程成为学习创造力和互利的过程。教师不需要告诉孩子们该做什么。在相互评价的过程中，孩子们将感受到同龄人作品的创造力和优势，并将在未来的创作活动中学习。此外，通过相互评价，儿童还可以增进对共同交流和协商过程的了解，从而形成一个平等、民主、积极和友好的评价制度。

第五章　幼儿园创意美术教育活动的实施建议

第一节　课堂管理与激励

在美术活动中，怎么把幼儿的创造性能力激发出来，然后还能把课堂纪律管理好，这些问题是每个教师都应该考虑到的。教师一般根据课堂实际情况做出决定，但也有一些常规的指导要点可供参考。

一、幼儿园课堂管理的概念及意义

（一）课堂管理的含义

要定义教室管理的含义，首先我们应该了解什么是课堂。课堂是一个有很多定义的词，每个定义都试图从某个角度解释课堂。事实上，每个课堂定义都隐含着一些哲学假设和价值取向、一些意识形态和一些教育信仰，从而表明了课堂最受关注的方面。从课堂的角度来分析课堂的定义，有两种常见的观点：一种是加拿大学者康奈利和兰茨从手段、目的和存在的角度来定义课堂，即课堂是通过预期的学习结果来表达还是通过达到目的的手段来表达；是强调孩子必须学习的内容还是强调孩子的学习经历。另一个是从三个不同的角度讨论课堂：知识、儿童和社会。因此，课堂是一个主题、一个目标、一次体验、一个计划、一项活动、一种文化复制等等。

因为课堂上有很多讲解，所以对课堂管理的理解也有多种含义。有代表性的观点认为，课堂管理是系统地处理写作技术与人的物质条件之间的关系，以教育目标为标准的一系列活动的总称。课堂管理是在一定的社会条件下，引导和组织人、物和课堂之间的关系，引导课堂建设和课堂实施，达到预定目标的过程。课堂管理是组织、领导、监督、检查课堂的准备、实施和评价工作。它是教育行政部门和教育工作者的一项重要管理活动。课堂管理是对课堂准备、实施和评价的组织和控制。课堂管理是部署和组织一个学校的课堂设计，一个学校的课堂设施要经过指导和检查，课堂评价需要领导和组织一个学校。

从上面的含义可以看出，课堂管理分为不同的层次，不同层次的课堂管理的主体是不同的。关于在主体上管理的不同，课堂管理可分为教务课堂管理和幼儿园课堂管理两个层次。前者针对国家和地方行政部门的课堂管理；后者是学校内部的课堂管理。课堂设计管理是学校的一项组织活动，根据国家课堂管理政策的要求，结合学校的实际情况，实施与评价及其相关的影响因素和条件，以实现学校培养目标和学校发展。幼儿园课堂管理从层次上可分为学校管理者对课堂的管理、各班级对课堂的管理和教师对课堂的管理。

（二）幼儿园课堂管理的含义

根据对课堂管理的理解，我们可以把当前学前教育课堂的改革看作幼儿园课堂管理，结合幼儿园的实际情况，对课堂设计、实施和管理的综合管理，评估和其他实际过程以及相关影响因素和条件。在宏观层面上，它还包括教育行政部门的课堂管理活动，但这不是重点。在这里，我们应该着重分析幼儿园课堂管理的微观层面，即幼儿园内部的课堂管理。

幼儿园班级管理可分为三个层次：第一个层次是幼儿园级管理；第二层是类级管理；第三个层次是教师和照顾者的管理。从内容上看，幼儿园课堂管理不仅包括幼儿园本课堂的发展和课堂备课管理，还包括课堂实施和评价管理。在此基础上，幼儿园课堂管理有以下三点：一是幼儿园课堂编制系统的管理；二是课堂实施系统管理；三是课堂评价体系的管理。

（三）幼儿园课堂管理的意义

进行幼儿园课堂管理，能够增强课堂的适应性是决定课堂实施成功的关键，对促进教师的专业发展具有重要意义。

1．增强课堂的适应性

目前，关注学习的具体情况和课堂本身对学生个人体验的适应性是大多数人的建议。此外，人们也意识到，简单的“自上而下”的课堂并不适合孩子们的学习。在我国目前的三级教室管理模式下，课堂自主权是幼儿园具备的，试图增强课堂的适应性就是他们的目的。对于幼儿教师来说，课堂实施的过程实际上就是他们对课堂的再开发。另外，课堂的适应性取决于教师能否充分利用所有可利用的课堂资源，创造有利于儿童发展的学习情境，并根据幼儿的实际情况，在了解课堂意图和目标的基础上，通过多种方式与幼儿积极互动，提高课堂的适应性。同时，幼儿园也要为课堂的顺利实施提供必要的组织和制度保障。幼儿园园长要协调人力、物力、财力，使幼儿园课堂的实施确保无误，把课堂的适应性加强，把课堂实施的效果提高。

2. 加强幼儿园课堂管理是决定课堂实施成败的关键

实现课堂预期目标的基本途径就是课堂实施。其中动态的课堂实践就是通过静态的课堂计划转变的。因此，课堂实施本质上是对课堂的“再设计”过程，也是整个课堂准备过程中的一个实质性阶段。影响课堂实施的因素是多层次、多元化的，既有课堂计划本身的特点，也有参与者的特点，包括校长、教师、儿童，甚至家长、社区和环境因素。只有把这些因素组织协调起来，才能提高课堂实施的质量。幼儿园是课堂实施的主要场所。为了提高课堂实施的效果，需要对这些影响因素进行组织、安排、协调和监督，对课堂进行管理。因此，课堂实施的关键主要是幼儿园课堂管理。

3. 有利于提升教师的专业素质

毫无疑问，教师在课堂中扮演的角色是不可缺少的。幼儿教师的专业素质是幼儿园课堂实施效果的关键。教师的专业素质只有通过在各种专业活动中的不断实践才能得到提高，提高教师专业素养的重要途径之一就是教师参与课堂发展和决策，被一致认为是教师专业自主的重要方面。

幼儿园课堂管理决定课堂的发展和教师的决定。客观地说，僵化机械的幼儿园课堂管理模式将制约教师的手脚，制约教师在幼儿教育活动中的主动性和创造性发挥，在很大程度上阻碍教师专业素质的提高。因此，幼儿园应加强课堂管理，最大限度地为教师专业素质的提升和保障创造条件，使教师积极参与幼儿园班级的发展和转型，充分发挥其主体作用和创造力，使教师在深化课堂理解的过程中，提高课堂设计、实施和评价的能力，丰富专业知识，提高研究能力，进而促进专业素质的提升。

二、幼儿园课堂管理的内容

如前所述，幼儿园课堂管理的内容包括三大部分：一是幼儿园课堂编制系统的管理；二是幼儿园课堂实施系统的管理；三是幼儿园课堂评价系统的管理。

（一）幼儿园课堂编制系统的管理

课堂编制是课堂管理的核心部分，它对于课堂管理十分重要。幼儿园的课堂主要分为两类：一类是国家对幼儿园课堂指导计划与地方根据国家教育发展目标及要求而编制的省级课堂，也就是地方课堂；另一类是各个幼儿园在研究国家和地方课堂精神的基础上，根据本园实际情况，编制和开发具有本园特色的园本课堂。

1．对国家课堂指导计划和地方课堂编制的管理

在当前阶段下，国家对幼儿园课堂的指导主要是以 2001 年颁布的《中国儿童发展纲要》为主。《中国儿童发展纲要》对幼儿园教育目标与内容要求，教育活动的组织与实施，教育活动评价等幼儿园教育活动都进行了规定，它们对幼儿园的发展起着把握方向、影响全局的作用。这对于幼儿园的课堂管理具有重要意义，同时也是幼儿园不可推卸的责任。

地方课堂是由地方组织各方力量根据国家课堂要求制定的，它包含所在省份教育行政部门颁发的课堂计划和课堂标准。那么，幼儿园制定课堂计划和制定实施方案必须依照此课堂计划和课堂标准进行，它们为幼儿园各类课堂指明了方向，尤其是对指导幼儿园各类课堂的实施具有重要作用。但是，幼儿园制订课堂计划要遵照地方课堂进行并不意味着所有的幼儿园都要依据同样的课堂计划，各幼儿园应该结合自身的实际需要来合理地制订课堂计划，这样才能够真正实现其目标。

2．对园本课堂编制的管理

幼儿园编制的课堂能够在很大程度上体现幼儿园的办园特色，更有利于促进幼儿的全面发展。就课堂编制系统的管理来说，幼儿园对园本课堂编制的管理就是要组织力量编制幼儿园课堂方案。

编制幼儿园课堂方案要确定合理的幼儿园课堂目标，这个目标应该与国家课堂总体目标保持一致，同时又要结合本园的实际情况，使幼儿园课堂方案的目标充分体现幼儿园的办学指导思想和幼儿园特色。在课堂内容的选择上，不仅要考虑与目标的相关性，还要考虑内容的科学性和有效性，以及它们对于幼儿和社会的意义。这就需要对可纳入课堂体系的信息进行分析与选择，对它们进行归纳与提炼，围绕目标的实现最终确定课堂内容。为了使幼儿的各种学习能有效地联系在一起，使学习产生累积的效应，就需要对课堂内容进行有效的组织，使其起到相互强化的作用。

为了更好地实施课堂方案，幼儿园在课堂方案的管理上还要成立健全的组织。比如，成立幼儿园课堂编制领导小组，并积极与幼儿园各相关部门加强合作。另外，还必须充分调动教师的积极性，考虑教师的专长和特色，让他们参与到课堂编制工作中来。

综上所述，我们可以看出，幼儿园对园本课堂方案编制的管理需要幼儿园层面、各部门层面和教师个人层面同时展开，采取“自上而下”和“自下而上”相结合的管理方式。

（二）幼儿园课堂实施系统的管理

课堂实施是课堂编制过程中的实质性阶段，任何完美的课堂方案都必须付诸实践才能够得到检验。从这个角度来看，对幼儿园课堂实施系统进行管理就显得更为重要。

在当前我国课堂的三级管理模式之下，国家、地方和幼儿园都对课堂实施的管理负有责任和义务。在影响课堂实施因素的研究中，人们发现课堂变革的特征、政府机构的力量等对课堂实施的效果具有重要影响。从客观现实方面考虑，由于幼儿园是课堂实施的最主要的场所，所以，本书在这里重点探讨幼儿园对课堂实施系统的管理。

1. 从课堂实施途径看幼儿园课堂管理

幼儿园课堂实施的途径主要包括教学活动、游戏活动和生活活动几个方面。相应地，幼儿园课堂实施系统的管理也可以分为教学活动管理、游戏活动管理、生活活动管理。

事实上，无论是哪个层面课堂的实施，其主要的途径和方式都是教学活动。这就决定了幼儿园对教学活动的管理成为幼儿园课堂实施系统管理的核心。一般来说，幼儿园对其教学活动的管理具体包括三个方面。第一，对于幼儿园教学常规而言，在当前幼儿园教育改革的背景下，幼儿园应该摒弃那些不符合时代发展要求的教学旧规则，对其进行调整和改革，树立有利于发挥教师个性和创造性的教学常规，使其既具有规范性，又具有灵活性，以有利于教师创造性的发挥为宗旨。第二，在教材管理上，幼儿园应认真考察，选用国家或省级教材审查委员会审查通过的教材，严禁选用未经审查的教材。这还要求幼儿园在课堂委员会以及教师、家长共同商议的前提下，确定教师教学用书等辅助材料。当然，幼儿园还需要对教材中不适合本幼儿园和幼儿实际的内容进行适当的调整。不过，这并不意味对教师在教学时创造性地理解和运用教科书的否定，而是要为教学活动留有发挥和创造的空间。第三，还需要对课堂教学进行管理。课堂教学是教学过程的中心环节，也是教学管理的一个重要环节。由于课堂教学管理更多地是由教师自主管理的，因此，幼儿园要倡导教师与幼儿之间的互动，为教师创设良好的组织文化氛围，通过各种形式提高教师的教学水平，并为教师提供学习机会。

游戏作为幼儿的主要活动，在幼儿发展中起着不可忽视的作用。因为幼儿园是有目的、有计划地对学前儿童进行教育的场所，所以，在课堂实施管理中，就不可避免地要对游戏活动进行管理。对游戏活动的管理包括创设良好的幼儿游戏活动的条件，提供充分的游戏时间，丰富多样而又安全的游戏材料以及对游戏环境的创设等。总的来说，对游戏活动的管理主要是通过教师直接介入幼儿的游戏，从而对幼儿的游戏施加影响来实现的，倡导教师应成为幼儿游戏的伙伴和支持者，并能够根据游戏活动的特点和幼儿的兴趣需要采取相应的指导策略，促进幼儿有益于身心健康的经验的获得和能力的发展。

幼儿园的生活活动包括幼儿入园、进餐、喝水、盥洗、如厕、活动转换、散步、睡眠、离园等环节的活动。它占据了幼儿园活动的一半时间，是幼儿园一日活动的重要组成部分。对生活活动的管理主要在于要制定合理的生活规范。从生活规范的制定上来看，幼儿园的生活规范基本上是由园领导和教师制定的。有研究显示：由园领导制定的生活规范占 32.5%，由同年级教师一起制定的生活规范占 10%，由本班教师制定的生活规范占绝大比例，达到 52.5%，三者共计达 95%，而由教师和幼儿一起制定的生活规范只占 5%，这说明幼儿很少参与生活规范的制定。事实上，为了预防幼儿犯错误，保证良好的活动秩序，幼儿园的教师会频繁地强调幼儿对幼儿园生活规范的遵守。因此，教师在幼儿园一日活动中，花费在强调规则上的时间是非常多的，这样不仅造成了对时间的浪费，还影响了活动的开展。除此之外，教师对规则的强调还会使幼儿丧失许多独立探究学习的机会，影响幼儿的独立性、主动性、创造性等心理品质的发展。因此，在对生活活动的管理中，要充分考虑幼儿的切实需要，真正认识到幼儿在教育中的主体地位。

2. 从课堂实施主体看幼儿园课堂管理

幼儿园的园长无疑在课堂实施中担当着重要角色，课堂实施离不开园长的支持，园长是课堂改革中的引领性因素。因此，在幼儿园课堂实施过程中，园长应该对课堂自始至终表示出支持与关注，考虑教师的需要，为教师提供帮助，并为教师的专业发展提供相应措施，努力解决实施中的困难，并有意识地利用不同的层级机构形成幼儿园的合作性文化，这些都将促使课堂的顺利实施；反之，则会阻碍到幼儿园课堂的实施。

教师是课堂最主要的实施者。相关研究结果表明，幼儿教师的力量是导致课堂实施成功的一个主要因素，不同的因素，包括教师的参与、教师的投入感、合作的工作关系、行政者的清楚指示、持续的支援和训练等，均对教师的力量具有正面的影响。由此可见，教师是影响课堂实施的关键因素，课堂实施要发挥教师的主体作用。

（三）幼儿园课堂评价系统的管理

课堂评价的管理在幼儿园课堂管理中占据了十分重要的地位。其可以诊断、修正课堂，确定课堂目标达成的程度等，因而能够及时发现课堂中存在的不足或问题，以及造成这些问题的原因，进而为调整、改进课堂提供依据。幼儿园课堂评价系统的管理包括幼儿园对课堂评价类型和方法的管理与幼儿园对课堂评价目的管理。

1. 对课堂评价类型和方法的管理

由于评价角度和标准的不同，幼儿园课堂评价有多种不同的类型，在具体实践中，幼儿园应根据自身特点和情况选择适合的评价类型和方法。评价类型有内部评价和效果评价、形成性评价和总结性评价。在运用过程中，除了根据具体情况选择适合的评价类型外，还应该综合运用多种评价类型。课堂评价方法作为对课堂评价的发展变化最为敏感的因素之一，它的选择需要建立在对教育活动自身的具体分析基础之上，同时也需要考虑评价的目的、内容等因素的影响。因此，幼儿园需要综合利用多种具体方法，实现课堂评价的多元化。

2. 对课堂评价目的的管理

幼儿园对课堂评价目的的管理要注重发挥评价对于幼儿发展的激励作用，促进幼儿全面发展，不是仅仅局限在某些幼儿某些方面的片面发展，而是全体幼儿的全面发展。另外，幼儿园也要注重评价对于教师的作用。课堂评价需要教师运用其专业知识来审视教育实践，促使教师在参与课堂评价的过程中进行自我反思和探究，通过发现、分析、研究和解决问题等来推动课堂前进，而这个发现、分析、研究和解决问题的过程无疑会提高自己的主体意识、发现问题的意识和研究能力，促使其专业能力得到提高。课堂评价是了解课堂的适宜性、有效性，调整和改进课堂的必要手段。因此，幼儿园应该通过课堂评价，发现幼儿园课堂中的问题，广泛听取教师、家长的建议，从而促进幼儿园课堂的发展。

三、幼儿园美术课堂管理的流程

（一）充分准备

首先，营造一种快乐参与艺术欣赏与创作的氛围。教师通过自己的表情和精神状态，可以让幼儿感受到即将开展有趣的活动，从而奠定一种课堂的基调。然而，一个过于活跃、秩序混乱、声音嘈杂的环境是难以开展有效的教学的。所以，控制课堂的基本秩序，让每一个幼儿能够听清老师讲的要求，能够不相互干扰，有序地执行教师布置的操作要求，这是十分必要的。

其次，教学步骤要设计清晰，方法明了，工具、材料准备妥当。教师应该对需要演示的步骤了然于胸，并能通过准备一些分步骤的教具，使操作步骤的演示简洁明了，又能节省时间。不主张仅通过言语讲解说明操作步骤，那样教师虽然省力，但幼儿没有直观的认识和近距离地感受，往往难以理解教师的意图。

值得注意的是，教育部颁布的《3～6岁儿童学习与发展指南》提出“幼儿绘画时，不宜提供范画，特别不应要求幼儿完全按照范画来画”，很多教师受这句话的影响，连示范材料工具的操作也视为禁区，仅用语言描述和提示，导致幼儿前听后忘或者根本就不理解教师讲解的步骤，完全凭借已有经验开展，影响了对新知识、新技能的学习与掌握。

在美术活动中，幼儿动手操作是十分重要的部分。在感受欣赏的基础上，如何引导幼儿用合适的方法进行表现创造，需要教师对动手操作环节的步骤进行反复的琢磨和提炼，最好在上课之前能够至少演练过一次，保证这种方式是适合幼儿且简洁有效的，这样教师能够做到胸有成竹，讲授清晰，幼儿易于接受。

（二）集中讲授

由于幼儿的注意力集中的时间很短，很多有经验的幼儿教师在讲授的时候会请幼儿围坐在自己的周围，一方面便于幼儿听清自己的讲授重点，另一方面便于教师与幼儿互动交流，并及时发现注意力分散的幼儿或者相互干扰的情况，能当即采取有效的措施加以调整。例如，幼儿园班级常规人数在 30 人左右的情况下，分组讲授的效果比较好，也比较适合教师对教学秩序的管理。

（三）展开讨论

呈现欣赏内容并简单介绍之后，教师需要启发幼儿展开讨论。幼儿可以描述所看到的视觉图像，分析其中的人物、景物，猜测其中的故事情节，对这些可能发生的故事做出自己的解释和判断，然后将这些描述、分析、解释和判断应用到自己的创作中。这个过程其实就是美术评论的过程，教师应当鼓励幼儿提出问题并分享他们关于优秀艺术作品的想法，这些想法将促使幼儿产生新的想法，让他们顺利进入到艺术的表现与创作环节。

（四）动手制作

在讲授与讨论的环节结束后，将活动区域由集中的区域转向比较宽松的操作区域，让幼儿可以互不干扰的动手制作。在制作的过程中，应当保持良好的课堂秩序，为每一个幼儿营造一种安全自由的环境，避免大声讲话或者讨论。挑选节奏舒缓或者轻快的背景音乐是一个比较好的策略，有经验的教师还会事先讲清楚音乐开始代表着制作时间开始，音乐停止代表着制作时间结束。通过培养这种习惯，让幼儿安静有序地实施制作。在制作的过程中，对专心制作、不影响他人的幼儿加以表扬和鼓励，对优秀的制作成果及时呈现给全体幼儿观赏，以启发那些还处于制作困境的幼儿，激发他们产生新的想法和创意。

（五）布置作品园地

国外美术教育专业的学生在前往基层学校见习听课时，他们对教室的布置是十分重视的。首先，他们会把教室中的门、窗、水槽、黑板、投影仪、橱柜、课桌椅等按比例画在平面图上，这是他们美术教育专业学习的基本要求。因为教室的合理布置将会影响到教学秩序的管理，只有当教室的布置与教学环节的设计顺利匹配起来时，教学的实施才会有条不紊。比如，教师在什么位置讲解、演示，幼儿在什么位置听讲，这在一开始的集中讲授环节中要确定下来，从而确保有足够的空间容纳幼儿围在教师的周围，并且能够听清教师的讲解，看清教师的演示。完成听讲、讨论环节后，前往比较宽敞的操作区域，幼儿行走路线是否通畅便捷，是否有足够的位置入座，相互之间的距离是否不易发生相互干扰，取材料、洗画笔等路线是否便捷，教师是否能方便地走近每一个幼儿身边进行必要的指导，这些都要在上课之前加以考虑，尤其是对新入职的教师，或者是面对新入学的幼儿时。

在教室中预留展示幼儿作品的墙面应尽量展示所有幼儿的作品，这样可以使每个幼儿都能感到自己的作品得到了重视，也便于幼儿间的相互评价与交流。此外，在教室中的各个空间和平面中，可以布置与主题相关的展品实物或其他海报、挂图等，这也有利于幼儿创意的萌发。教师也可以布置一些关于美术语言的图例，如关于线条、形状、色彩、肌理、明暗、空间、形体的一些图例，使幼儿能够对这些概念进行复习和巩固。

教师在指导幼儿创作的过程中，应当有全局意识，避免专注于指导个别幼儿，而忽视了整个班级中幼儿的情况，尤其需要注意那些创作可能有困难的幼儿。当幼儿间发生争抢、干扰别人的情况时，教师要及时进行疏导。

（六）评价环节

教学临近尾声，教师应当留出几分钟进行评价。教师请先完成的幼儿将作品张贴于预先留好的墙面上，可以先请他们轻声讨论或相互欣赏。在预定时间到了以后，教师将幼儿作品全部张贴在墙面上，请他们围坐在作品周围开始评价。评价要围绕着教案设计的目标展开，可以邀请个别幼儿上前加以点评，可以点评自己的作品，也可以点评同伴的作品，教师也可以点评一些作品。需要注意的是，在这个环节中，应当简明扼要，不宜拖延过长的时间。此时，可以对部分表现优异的幼儿进行奖励，但是应该事先明确奖励的标准和方法。奖励的方法可以用星星、花朵一类的贴纸来奖励，星星或者花朵集满一定数量，还可以奖励小礼物或者额外的游乐时间。

教师的评价对于每一个孩子来说都是很重要的，特别是对于刚入学接受正规教育的幼儿而言，所以这就要求教师在进行美术教学时，对于每一个孩子的作品及表现都要做出全面的评判，而不能凭着自己对于学生的喜好而判定幼儿的能力。要深刻地认识到，自己对于他们每一个人的评价的重要性。这就要求教师要实现对于幼儿评价的多元化，多元化的评价模式主要有三种：

（1）纵向的评价方法，即对于幼儿目前的创作水平同以往的作品相比较。

（2）横向的评价方法，即表现在一个幼儿的作品同其他小朋友的作品相比较。

（3）对照的评价方法，即把幼儿的年龄同创作所体现的心理程度做比较。

值得注意的是，我们对幼儿进行评价的时候都是以正面的积极的评价为主基调，及时发现每一个幼儿进步或者是出彩的地方进行表扬，针对每一个幼儿的不同作品要做具体简要的评述，切忌泛泛而谈。同时，在具体的评价方法上主要有师生之间评价及幼儿之间相互评价两种，让幼儿不仅能够发现自己的闪光点，同时也能够发现别的同学的优点，有利于幼儿树立正确的心理态度，这样在每一次的评价中发现不足之处让幼儿之间学会彼此学习，在每一堂创意美术课堂上各方面的综合素质都能得到升华和提高。

（七）收拾整理

评价结束以后，教师组织幼儿收拾整理教室环境。比如，让幼儿每人取一张纸擦干净桌面的颜料，将水彩笔、颜料、洗笔筒等放回固定的位置，将小椅子放到桌子底下，等等。不建议让幼儿完成洗笔、洗颜料盘这类的工作，因为通常教室里的水龙头较少，幼儿洗笔会消耗较长的时间，而且容易形成拥挤、碰撞，影响课堂的秩序。一般请幼儿将用具归置好即可，笔、调色盘、洗笔筒一类的用具，请安静懂事的孩子或者小组长将其放到水槽的指定位置即可。幼儿美术活动建议使用水彩、水墨颜料为宜，此类颜料易于清洗，只需放在桶内，教师冲洗一下即可。这些组织策略利于培养幼儿自理能力，养成爱护环境的意识，也可以避免教师忙于收拾，而无法顾及幼儿可能存在的各种个别需要。一旦幼儿养成良好的收拾整理、取放材料的习惯，这对形成良好的教学秩序也有很大的益处。

四、幼儿园美术课堂的激励

（一）激发幼儿对美术活动的兴趣

1．激发幼儿的兴趣是幼儿创造性的基础

俗话说，兴趣是最好的老师。那么，怎样激发幼儿的兴趣呢？教师要注重丰富孩子的生活经验，调动幼儿绘画的积极性，并通过游戏活动，培养幼儿的绘画兴趣。在幼儿绘画活动中，教师运用游戏的方式进行活动，也可以使幼儿毫无思想负担，在自然、轻松、愉快的游戏中获取知识和技能。在选择活动内容时候要大胆创新，选择一些贴近幼儿生活、幼儿喜欢

的美术活动，激发幼儿的兴趣。

2．激发幼儿主动参与和教师一起准备美术活动的材料

在美术活动中，特别是一些手工活动，教师要为幼儿准备大量的活动材料，费时费力不少。而准备的材料有时幼儿不能理解，有时候不能全部利用起来，有时候不能满足幼儿的要求，有时候束缚了幼儿的思维。怎样才能让幼儿充分利用各种材料，从而丰富活动内容呢？应在某次活动之前和孩子们一起讨论活动中需要什么材料，然后大家一起准备。如美术粘贴活动“美丽的树叶”。秋天到了，孩子们户外活动的时候看到许多的叶子从树上落下来。这时可以拿许多树叶粘贴的作品让幼儿欣赏，并提出活动主题，然后和孩子们一起讨论需要什么材料及工具。孩子们争先恐后发言，提出自己所需要的材料、工具，然后大家一起准备。这样的粘贴活动打破了以往单纯的拼贴形式，孩子们运用自己准备的各种材料，活动时兴致很高，创作出了丰富多彩的作品。通过与幼儿一起讨论准备所需的材料，可以充分挖掘幼儿的潜能，让孩子们在想象的海洋中自由翱翔。

3．削弱教师示范的力度，激发幼儿探索的欲望

在美术活动中，教师的示范可以让幼儿尽快掌握一些技能技法。但是有些活动为了能充分调动幼儿探索的积极性，可以少示范，甚至可以不示范，而让幼儿自己去探索方法，给幼儿以充分想象的空间，激发幼儿的创作欲望。在进行美术活动剪纸“窗花”的时候，让孩子们先欣赏教师的作品，然后提供彩色纸、剪刀等工具，让幼儿自己去动手探索剪出小花的形状。起先孩子们一个一个花瓣的剪，也有的孩子遇到困难请教师帮忙，慢慢地，有的孩子能够试着折叠后再剪出对称的花瓣。这种成功比老师示范后幼儿模仿更能使幼儿感到兴奋，充分体验到探索的乐趣。

4．师幼互换，激发孩子充当示范的老师

通常的美术活动都是教师先示范，幼儿再进行活动。能否教师与幼儿互换角色，让幼儿在教师未示范之前先当一当小老师呢？在每次活动之前，先让幼儿自由讨论，大胆发言，例如教师是运用了哪些材料工具？运用哪些方式方法绘画或是制作出来的？让幼儿大胆讨论自由发言，讲述自己的意见。久而久之，幼儿便能很自觉的发表见解，大胆表述自己觉得教师是运用了那些材料工具，甚至能一步一步说出步骤。对于一些接触较少的活

动，孩子们猜不出的时候很着急，不断猜测各种方式方法，可以充分调动孩子们的积极性。

5. 树立幼儿的自信心

在幼儿操作的过程中，教师要用真诚的语言去鼓励幼儿大胆动手动脑。教师应该根据幼儿的各自差异，准备难易程度不同的多张范画，允许幼儿在活动中自己选择内容，鼓励能力较差的幼儿选择最简单的内容并大胆下笔，鼓励能力较强的幼儿丰富画面内容，大胆想象，让所有参与活动的孩子都能有成功的体验，并及时肯定孩子的成绩，帮助孩子一点点地肯定自己，树立自信。

6. 培养幼儿的想象力和审美能力

美术课最重要的任务就是激发引导幼儿的想象力。爱因斯坦说："想象力比知识更重要。"孩子们最大的乐趣也在于幻想，每一个孩子的心都是一个充满幻想的神奇世界。教师的教学应用"童心"去想幼儿所想，用幼儿喜闻乐见的形式去激发幼儿创作的欲望。培养幼儿的想象力就是要培养他们的具体感，要把头脑的想象具体的表现出来。怎么表现？也就是说出来、写出来、画出来。因此，教师就可以组织多种多样、形式各异的活动，充分调动孩子的各种感官系统。

7. 在评价中让幼儿充分体验到成功的快乐

对于自己的作品，幼儿很在意老师与同伴的评价。鼓励性的评价可以保护孩子的创作热情，期待下一个活动的到来。评价的目的就在于激发幼儿绘画的兴趣和积极性，使幼儿感受到自己的进步，发现自己的能力和才干，让幼儿体验到成功的快乐，从而促进幼儿的发展。另外，在评价幼儿作品时不应以成人的视觉方位、知识经验、审美情趣来评估幼儿的作品，应从儿童的绘画特点出发，了解儿童、尊重儿童，爱护他们的个性，注意幼儿的创作，努力从孩子的画中去体验孩子的特殊情趣，给其以更多的鼓励，从而培养孩子的自信心和绘画兴趣。

（二）激发幼儿在课堂中对美术的积极性

幼儿美术创作离不开教师的指导。在美术创作过程中，幼儿的创作是个体化的，教师很难设定统一的指导方案。经过长期教学实践，笔者认为把握以下一些指导策略会使美术教学取得较为理想的效果。

1．不断提出疑问

当幼儿经常采取某种造型形式、表现方法时，教师可以提出疑问让幼儿考虑改变思路，以避免形成一种僵化的固定不变的思维模式。例如，当幼儿选择红色画太阳时，教师可以提问："太阳都是红色的吗？"当幼儿选用橙色和黄色画太阳时，教师可以再提问："其他颜色可不可以用来画太阳呢？"当幼儿用彩条画太阳时，教师可以进一步提问："怎样的彩条才更像阳光呢？"

2．帮助幼儿建立求新、求变的创作思路

很多教师常要求幼儿画得"跟老师的不一样""跟小朋友的不一样"，这个空洞的要求常常使幼儿束手无策。笔者认为所谓"不一样"，首先应提倡幼儿创新，使作品不同于自己以前的创作，不满足于自己已经掌握的方法；其次，要把"不一样"具体化、明确化，如大变小、高变低、红变绿、左变右等等。如画鸟时，不但鼓励幼儿画自己喜爱的鸟，也鼓励幼儿画想象中的鸟，头、身体、翅膀、羽毛、眼睛、嘴巴什么都能变。有个幼儿按想象画了一种奇特的鸟，大家问笔者这只鸟的名字。笔者说："人类只发现了一部分鸟，这只鸟也许是还没有被发现的鸟吧！"幼儿通过自己的创作表现了美好的愿望，由此带来的惊喜和成就感便成为幼儿继续进行创造的动力。

3．善于用幼儿看待事物的方式去解释画面

幼儿对许多图像的解释都与日常生活经验具体形象地联系在一起，教师应经常观察、学习幼儿的造型，善于用幼儿的思维方式去解释画面，只有这样才可能和幼儿进行交流。

4．教幼儿学会修改图像

教师应使幼儿懂得完成作业和对待工作一样，应该是完整的，不能半途而废或因不满意而气馁，应鼓起勇气，设法修正，直到自己满意为止。有些自信心不强的幼儿，常常一画错或一不满意就换一个地方画，或把纸翻过来重画，或坐着发呆直至换一张纸为止，这是极不好的习惯，对培养幼儿不怕困难、有始有终的学习习惯不利。针对这一现象，可以有意识地组织了一些教学活动，如"印绳""打翻了墨水""圆圆找朋友"等，引导幼儿学会对已有图像进行再定义。尤其是当幼儿画"错"的时候，应启发幼儿结合创作内容，对已有图像进行大胆想象，并用改变图像、添加特征等方法进行弥补。如果不能修改，则用再定义的方法使其变为其他图像，使其不影响作品的整体效果。如画“动物世界”的时候，有个幼儿画了两个太阳，笔者就启发他大胆想象，把它再定义为其他图像，结果他成功地把它改画成了大狮子。

5．展示作品，相互学习

幼儿的美术创作是个性化的，其中有许多值得幼儿互相学习借鉴的成分，因此引导幼儿向同伴学习是十分重要的。具体的做法是，教师及时介绍幼儿有创意的表现，引导幼儿在学习借鉴的基础上想象和创造。在幼儿完成作品后，教师应把幼儿的作品全部拿出来展览，引导幼儿既乐于观赏那些技能高、创造性强的作品，也能在一些不起眼的作品中发现其中的优点。

大多数幼儿都有创新的愿望，也乐于在同伴面前显示才能。有的孩子不愿让大家学习，并不是因为他们的技能低下，而可能是不恰当的教学策略所致。如有的教师把“画得与别人不一样”片面理解为“不要学别人”；有的教师总是表扬那些技能较好的幼儿，结果使这些幼儿形成骄傲自满的心理，这不利于幼儿相互学习。

6．鼓励幼儿超越教师

教师应引导幼儿创造性地开展活动，不必将图像、颜色、步骤都讲解得十分详细，应给幼儿留有较多的创造余地，以显示他们的才能。有时甚至可以有意提供一些不完整或错误的图像启发幼儿思考，让他们担任“小医生”为作品“看病”，使幼儿有超越教师的机会。如美术教学活动“机器人”中，教师只介绍机器人的几种动态，并表示自己想不出其他动态，请幼儿补充。在这种创作氛围中，幼儿个个信心十足，满腔热情，画出来的机器人也千姿百态，很有创造性。

总之，在绘画等美术活动过程中，教师应运用灵活多变的教学策略吸引幼儿，利用自身的积极情绪感染幼儿，创造一个优美轻松的美术活动环境，给予每个幼儿充分表现的机会和权利，让他们积极思维，尽情展开想象的翅膀，获得创造过程带来的愉快体验，从而使他们的美术活动更具有创造性。

（三）适当的激励，促进儿童自我意识的提升

俗话说“好孩子是夸出来的”。夸奖也是一种教育，在夸奖中孩子会树立信心，提升孩子的自我意识。那么，如何夸孩子呢?怎样做才是有效的鼓励教育？

（1）多种鼓励相结合。语言鼓励，如“你真棒”“你真聪明”，当孩子十分希望自己被他人认可的时候，这样的语言很奏效，它会让孩子信心倍增；动作鼓励，如点头微笑，有时候发自内心的微笑也是一种认可，孩子在有挫败感的时候，老师的一个眼神或者微笑，同样是一种巨大的动力；实物鼓励，一块糖，一个小粘贴都是很好的奖品；展示鼓励，在美术教育中，展示孩子的作品是重要的一部分，把孩子每个时期的作品展示出来，让孩子在比较中找到自己的差距，展览的同时满足了孩子的成就感。

（2）帮助孩子制定激励目标。教师给孩子制定激励目标时要注意该目标的可执行性，不要是空想或不切实际，否则会挫伤孩子的积极性和自信心，最好制定一些容易达到的目标，然后循序渐进地增加难度。例如，让儿童临摹一些一笔完成的小动物图形，其中包含了简单的几何形体，孩子多加练习都可以顺利完成。孩子达到老师规定的目标后，再稍微给孩子增加难度，这样符合实际的教学目标，会让孩子容易达到，并且让他们懂得没有随便取得成功的道理。

（3）强化孩子的自我意识。自我激励是不依靠外部赏识，是孩子对自己的肯定、鼓励和表扬。这要求教师对孩子进行潜移默化的激励教育，在对孩子表扬时可有意识地将“我”改为“你”，如“你又有了进步，我为你感到骄傲”改为“你为今天的进步一定付出了很多努力，你会为自己感到骄傲”。久而久之，孩子会内心承认自己，并且领悟到努力后获得的成功是最好的奖品。

（四）激发幼儿的美术创想，拓展教学思路

儿童的创想是其认知和智慧发展的重要方面，与其人格的健康发展密切相关。教育工作者如何开发幼儿的潜能，激发幼儿的潜质呢？

（1）提供多样的材料，创造幼儿创想的条件。在美术活动中可以利用材料色形的不同，激发孩子的想象。回归生活的材料有着各自的属性特点。例如，教师收集大小不一的纸盒，在教师的启发下，孩子把纸盒的六个面里随意涂抹装饰，然后把每个孩子的纸盒随意排列，通过排列的小盒图案，可以让孩子编成连环画等。每更换一个面，都会有无数个小故事。孩子不仅在活动中锻炼了绘画能力，还锻炼了语言的表达能力。

（2）亲密有趣的师生、亲子互动，创设幼儿的创想氛围。孩子都有自我表现和表达的欲望，他们不仅用语言，也用艺术手段，用自己的作品来

表达自我的感受和体验。例如，在美术活动中，一款名为“魔术绘画”的美术活动，利用油画棒不溶于水的特性作画，引导幼儿画出不同季节的公园一角，要求用同种颜色的纸和油画棒来绘制。同一种颜色的笔画在相同颜色的纸上看不出画的线条，似乎什么都没有，但是通过教师图上鲜艳的水粉颜料，画面就清晰可见了，产生了魔幻的感觉。使孩子对绘画产生了极大的兴趣，基本技能通过独特的方式转化成了生动的课堂氛围。

第二节　美术作品的展示

展示幼儿的美术作品是幼儿美术教育的重要环节，因为这是一个是幼儿获得自信，促进幼儿交流，加强家园互动的一个很好的手段。通过展示幼儿的作品，环境成为课堂教学的一个延伸部分，对幼儿发展会产生积极的影响。

一、展示幼儿美术作品的重要性

当幼儿的作品在幼儿园中展示时，很多同伴都会对作品展开讨论，从而进一步发展幼儿对艺术作品评价的能力。当幼儿向家长介绍他的作品时，家长可以了解到幼儿园在幼儿艺术教育方面所做的工作，从而会更加认同幼儿园教育的价值。另外，幼儿可能会介绍他画的对象是什么，为什么这样画，基于怎样的故事背景，或者是源于什么样的活动，家长通过这样的机会更加全面地了解到幼儿创作背后的故事，常常会获得惊喜。

课堂上展示作品可以让幼儿有机会评价自己和同伴的作品，教师的评价也更可能起到一种引导的作用。通过讨论，幼儿会更加清晰地认识到所存在的问题，并且了解到对相同的问题可能有很多种不同的回答。

作品的展示也能够向当地社区、主管部门呈现艺术教学的成果，以获得他们在财政或政策上的支持，促进幼儿园进一步的发展。

二、作品展示位置的选择

在教室的某一个区域，通常有定期更换展示幼儿作品的墙面，教师一般选择比较完整的墙面展示幼儿的作品。

在幼儿园里，通常以一个大厅或者长廊作为艺术展览区域展示幼儿的艺术作品。这个位置一般选择在人流最为集中的区域，如幼儿园大门进来的大厅或者主要的走廊，墙面可以经过特殊的处理，这样便于定期粘贴、更换作品。也有一些幼儿园会在墙面的上端铺设好轨道，悬挂细的钢丝，这样便于定期更换一些裱好框的美术作品，展示的效果也会更好，并且方便更换作品。在幼儿园举办的一些亲子活动或者开放活动中，家长、政府官员以及同行、专家都可以看到这些幼儿作品，从而对幼儿园的艺术教育形成更为直观的认识和了解。一些好的幼儿作品展览可能直接为幼儿园争得艺术教育基金项目的支持或者是官方的拨款，从而为更好地开展艺术教育工作，或者为幼儿园艺术材料的添置、艺术教师的配备和引进带来契机。

有不少幼儿园会在园外举办毕业典礼或者节庆活动，也有办艺术展览的尝试，在当地的文化艺术中心或者文化场馆举办艺术作品展时，幼儿园的艺术教育可能会受到当地公众或者企业的关注，这样为幼儿园整合一些当地政府资源或者取得一些赞助提供了可能。

三、幼儿美术作品展的安排

幼儿美术作品展通常需要进行策划，对幼儿的作品进行分类、遴选，如按照艺术形式加以分类，也可以按照时间顺序分类，还需要收集文字和图像资料来介绍这些作品创作的背景、过程、目的、逸闻趣事等。以照片、视频、文字的形式将这些创作故事结合到艺术作品中，这样起到更加完整和全面地展现作品的效果。因为幼儿的作品往往不是成人一眼就能理解其意义的，需要通过文字、照片乃至视频的介绍使幼儿的艺术创作具有更为丰富的意义和更大的价值。

如果有预算的情况下，对幼儿的作品进行装裱，展示的效果会更好。假设没有经费预算，那么可以在作品的后面衬上与画面反差较大的、比较厚的纸张，起到画框的作用，也会让作品增色不少。在作品的右下方，通常要有小的标签，注明幼儿的年龄、作品的标题等信息。

创作的背景、过程、目的、逸闻趣事等。以照片、视频、文字的形式将这些创作故事结合到艺术作品中，这样起到更加完整和全面地展现作品的效果。因为幼儿的作品往往不是成人一眼就能理解其意义的，需要通过文字、照片乃至视频的介绍使幼儿的艺术创作具有更为丰富的意义和更大的价值。

还可以制作一些三维作品布置在幼儿园人流密集的地方。例如，收集一些纸箱子，用乳胶、报纸、纸巾等材料进行包裹、组合、粘接，然后在上面进行创意绘画，制作出三维作品。类似这样的作品如果能够成系列的组合，将会产生更好的效果。现在有一些新材料易于加工、美化，且价格不高，也可以成为幼儿艺术创作的很好的材料。比如，白色的雪弗板，又叫 PVC 发泡板，有各种厚度，可以在上面绘画后组合成雕塑，布置在环境中效果也很好。

除了墙面、走廊、大厅、草坪这些地方，还有一些轻型的作品可以悬挂在天花板上或者大厅中央的顶面，或者楼梯的扶手等位置，这样可以使幼儿园的空间得到充分的利用。但是，需要注意的是，不宜挂太多，或者不宜挂太过花哨、琐碎的东西。

在粘贴艺术作品的时候，尽量选择不破坏墙面的黏合剂，或者采用易于清理干净的布置方法。否则，在墙面、天花板或者大门上，随意粘贴导致难以清理，重新修整墙面会增加幼儿园的预算。另外，有些很好的设施表面一旦有了大面积的黏合剂残留，清理干净就会十分棘手。

总体而言，美术展览可以增加整个幼儿园的文化氛围，逐渐积淀艺术人文气息，有助于振奋幼儿的精神，并增加幼儿之间的交流，扩展幼儿园对外的影响。

四、幼儿园美术作品展示的方法

美术课堂教学一般由新课导入，技法探究，创作实践和作业展示几个环节构成。其中，作业展示环节是幼儿知识掌握信息反馈和学习效果呈现的环节。这一环节在教学中往往被很多教师忽视，认为并不重要。作业展示是对幼儿作品评价的环节，比较难以把握，是被教师忽视的主要原因。一堂完整的美术课堂，作品展示是必不可少的环节。课堂教学实践中，教师经常运用如下方法组织幼儿开展作品展示活动，往往起到很好的教学效果。

（一）自我展示

自我展示是最为常见的作业展示方法，幼儿把完成的作业向大家展示，介绍自己创作作品的想法和所运用的材料及技法。把作品展现给同学欣赏，请学习伙伴对自己的作品进行评价，指出作品中存在的不足和改进的建议。因为美术作品是借物质材料来表达作者的情感、心声，幼儿之间更了解彼此的兴趣、爱好，更容易沟通情感，更能读懂其美术作品的内涵。这种方法因易于操作被广泛应用于多数美术课堂教学中，且还可以锻炼幼儿的语言表达能力，对事物的归纳总结能力。

（二）集体展示

集体展示是合作学习的一种形式，一个班级内的所有幼儿把个人完成的同类作品进行组合，组合成一件作品进行展示。这种方式能够让幼儿体会合作学习的快乐。教师在教“美丽的花边”“漂亮的拉花”课时，组织幼儿把自己创作的花边、拉花都连接起来组成一件长长的作品，同学们在快乐的展示活动中既充分享受了集体创作的成果也增强了班级凝聚力。

（三）情境展示

情景展示是情境教学的一种方法。在展示过程中，教师设计一定的教学情境，把作品展示活动融入教学的情境之中，创造出优美的展示场景，让幼儿体会身临其境的美和艺术创作的快乐。在“鱼儿游游”一课教学中，教师首先让幼儿用绘画的方法和剪纸的方法表现出不同形状和色彩的鱼，然后把绘画方法表现的鱼剪下来，和用剪纸方法剪出的鱼儿一起粘贴到教师布置好的一幅大的海洋世界展板上，共同构成一幅海底鱼类世界的画卷，再配上优美的背景音乐……在优美的画卷前，使幼儿得到审美情感的升华，并感悟到保护环境的重要意义。

（四）应用展示

应用展示是把幼儿设计的作品应用到装饰生活用品、学习用品或生活环境之中，体现设计服务于生活的理念，以此让幼儿体会用自己的手创造美好生活的意义。学习“剪窗花”一课时，幼儿运用所学的剪纸的技法，创作了很多美丽的窗花作品。为了能够突出窗花在生活中起到的装饰作用，教师设计了一些传统形状的灯笼饰品，让幼儿把自己创作的窗花粘贴在灯笼之上，烘托喜庆的气氛。幼儿在欣赏作品的同时被亲手布置的情境感染了，并发出由衷的赞美。

（五）推介展示

推介展示是在设计应用领域学习中，幼儿对自己的设计作品作产品发布会形式的推介展示。在“我的牙刷”“我设计的汽车”“椅子的设计”等设计应用领域课的内容教学中，教师采用这种形式很好的激发了幼儿的学习兴趣，培养了孩子交流评述、展示自我的能力。在学习“我设计的汽车”一课的作品展示中，“小设计师”把自己设计的汽车拿到展台上，在展台前作新产品发布，介绍自己设计的汽车有什么新的创意和新的功能。再让“厂家客户”代表对产品进行评价，评出某中最具有市场潜力和发展前景的设计作品，评出“最佳设计奖”“最佳创意奖”“最佳制作奖”等。让幼儿亲历了一次创意设计、产品发布宣传的过程，在推介产品中得到了成长和锻炼，更重要的是这一环节中，幼儿的主体及教师的主导作用突出，幼儿获得的知识技能是通过幼儿自己的思考、讨论、调查、分析、总结得到的，教师给幼儿的学习创设了情景，设置了问题，给予了指导，避免了传授式教学学习方法，幼儿在这节课的学习中得到的远远超过幼稚的设计。

（六）媒体展示

媒体展示是借用一些光电、音响等媒体媒介技术美化作品，创造出一种美的意境，让幼儿在活动过程中体验综合艺术创作形式的美。“梦幻城堡”一课教学中，教师让幼儿运用剪纸的方法制作城堡，然后把制作的城堡，放置在一个个预置的彩色灯泡上，打开灯光，五彩的灯光透过城堡的镂空结构互相映射，创造出神秘的梦幻景象，让孩子们感受到梦幻般的美。在“校园设计展示”中，孩子们通过全面认真的调查，分别对校门、教学楼、宿舍、食堂、运动场及校内的水渠、绿化区等方面的造型、朝向、面积提出了很多有创意的看法并在教师的指导下做出了意图，看着通过自己精心设计、充满朝气与理想、凝聚着师生心血的精美效果图，孩子们兴奋得脸都红了，这一刻一定有美好的种子在他们心中发芽，不管是在哪个行业、那个角落，这一刻“美”使孩子陶醉了。

作品展示的方法还有很多，作为教师可以根据课堂的需要不断创新。注重展示环节，运用好合适的展示方法，在美术课堂的教学中往往最好的亮点就在展示的环节，可以使课堂气氛达到高潮，令孩子们回味悠长，并形成持久的学习兴趣和对美的向往。

第三节　社区资源的合理利用

一、美术教育中的社区资源

优质的幼儿美术教育需要为幼儿提供丰富的美术材料和艺术体验。很多有心的教师在工作之余努力搜集和整合各种美术材料和艺术资源，以充实到幼儿园和课堂中的教学活动。因为，幼儿园预算相对于一种理想的艺术教育，总是显得力不从心。这种整合社区资源的思路可以为开展富有创意、激发想象的美术活动提供一种支持，同时，也是与社区建立沟通、产生互动的一个良好途径。除了在幼儿园以及教师个人能找到的免费或者价廉的材料以外，教师可以尝试了解幼儿园所处的社区情况，其中通常会有很多可用的资源支持美术教学。

（一）家长资源

很多家长来自于各行各业，他们所在的企业会有一些多余的或者是废弃的产品需要处理，其中有不少符合安全、卫生的条件，价廉乃至免费，可以用于美术教学活动当中。一些印刷行业经常有一些多余的或者不符合设计要求的彩色印刷品，如海报、挂历、宣传册等，这些彩色的纸张中有不少光泽、色彩、质感俱佳，可以用来给幼儿做折纸、剪贴、拼贴等纸艺作品。这样的资源是不少的，很多家长也愿意为幼儿园提供这样的资源。

（二）文化资源

许多社区居住着艺术家或者艺术相关的专业人士，他们中有不少热心于幼儿的艺术教育事业，愿意无偿地为幼儿园的艺术教育贡献自己的专业才华。另外，还有一些专业文化机构，可能是小型的美术馆、民营的收藏机构、民俗馆、博物馆、纪念馆、名人故居等，它们都可能成为美术教育的课外资源。这些机构可以为幼儿作品展览提供场所，也可以成为教育的资源。有的艺术馆还有教育部门，很乐意为孩子提供专业的教育支持。

具体来说，有些艺术家乐意为所在社区幼儿园的艺术项目做贡献，如他们愿意走进课堂，为幼儿进行专业展示、讲课和指导；有的机构或者社团乐于走进幼儿园，与幼儿园一起举办一些文艺活动或者展演；有的艺术院校也可以提供一些艺术课堂和教学，支持幼儿园的艺术教育项目和课题研究。这些资源都可以加以整合运用。

二、社区资源在幼儿园美术教育中的应用现状

（一）社区自然资源在幼儿园美术教育中的应用现状

幼儿绘画的源泉，来自于对生活中各种事物的感知。大自然千姿百态，是一个幼儿感知学习的天然大课堂，为丰富幼儿的感性体验，教师常组织幼儿走进大自然。例如，在幼儿园附近有一条石子小路，里面有大大小小，形态各异的石头。有的孩子经过时会偷偷把小石子放在口袋里面，当成自己的宝贝。小小的石头却牵引着孩子极大的注意。因此，教师带领幼儿外出捡石头，一起收

集了各种各样、奇形怪状的石头。小小的石头中蕴含不少的教育价值，它也可以是幼儿美术学习活动的重要材料。教学活动力求形式的多样化，不只是简单的在石头上画画，而是借助石头这一媒介进行石头印画、石头滚画、石头添画、石头造型组合等，丰富主题活动的材料。

（二）社区物质资源在幼儿园美术教育中的应用现状

社区中有娱乐、学习、休闲等便民场所和物质设施。社区内的学校、超市、图书馆和公共活动区域都是社区中重要的物质教育资源。教师应该对这些资源进行分析，并根据不同资源为不同年龄段的幼儿设计有针对性的教学活动。这些物质资源可以让幼儿亲身体验到直接的知识经验，有利于丰富幼儿的生活体验。

（三）社区人文资源在幼儿园美术教育中的应用现状

社区中开展的各种文化活动、节日庆祝活动，还有社区中各种职业人群的劳动都蕴含着非常大的教育价值。幼儿园充分利用社区里的人文资源，把这些资源转化为孩子创作的源泉，使幼儿的创作空间得到进一步拓展。

幼儿园结合社区开展的各种公益活动、节日活动，作为幼儿美术活动的主题。例如：迎国庆——祖国妈妈生日系列画展，教师节——制作贺卡手工活动，妇女节——献给妈妈的画，六一节——小画笔大世界美术作品展览等。疫情期间，社区人员放弃自己的休息时间每天在小区门口做志愿者，教师开展手工活动“致敬身边的英雄”，让幼儿手工制作花来表达对他们的感谢。结合美术活动，进行情感教育，使幼儿感同身受，进一步激发了幼儿的创作欲望。

三、社区资源在幼儿园美术教育中开发利用的思路

幼儿艺术领域的学习的关键在于充分创造条件和机会，在大自然和社会文化生活中萌发幼儿对美的感受和体验，丰富其想象力和创造力，引导幼儿学会用心灵去感受和发现美，用自己的方式去表现和创造美。如何更好地在幼儿美术教育中利用社区资源，是我们当前面临的问题。

（一）根据季节特点，活化美术教学内容

在幼儿生活的社区中，四季分明，每一个季节都有看不同的美丽景色。自然万物都是孩子创作的灵感源泉。我们应和孩子一起走进社区观察、发现自然的色彩，并用手中画笔进行描绘，展现对大自然的感受和想象，抒

发对大千世界的好奇与喜爱。四季是绚丽的，五彩的色调能直接给予幼儿美的感受，我们有效利用自然素材的美，引导幼儿发现情境中的美，挖掘其中的美术元素。同时，我们应为幼儿提供丰富的工具、材料，引导幼儿用多种方式来表现四季的特点，表达自己的亲身感受，培养幼儿的审美能力。有了这些亲身体验，随后开展的蔬菜印画、水果摆盘等美术活动，孩子会表现积极，进行得特别顺利。四季的美景都是让孩子们惊喜的素材，我们要利用每一个有价值的内容，设计相关的美术教学活动，通过让孩子多看、多说、多画，丰富幼儿的思维，提高他们的绘画水平。

（二）以建筑为线索，利用社区物质资源

有人把建筑物比作凝固的音乐，因为建筑本身通过形态、结构、空间、色彩等可视的特点展现其艺术美感，而这些都是幼儿可以直观感受到的。随着社会的发展，幼儿身边的建筑也呈现多元化。因此，以建筑为线索，带幼儿走进建筑，在观察感受的基础上，用多种材料、多种方式去描绘、搭建、制作身边的典型建筑，使幼儿获得更丰富的审美意象。

（三）以文化为线索，挖掘社区人文资源

街道有社区文艺团队，比如，舞蹈队、民乐团、合唱团等等，这些艺术团队会在重要节日或者大型活动中带来精彩表演。这些社区中文艺团队能给孩子们展现不同的艺术表演形式，他们的表演能感染到孩子们，激发孩子们的创作灵感。

有效地利用社区中的教育资源，能使幼儿的美术教育不拘束于狭小的幼儿园空间。以季节、建筑和文化为线索，支持和引导幼儿在各种社会实践活动中获取直接经验，不仅可以丰富幼儿园美术教育内容，还开拓了幼儿的视野，使他们对周围生活的环境有进一步认识，为幼儿提供与人交往的机会，发展其社会性，促进幼儿整体的发展。

第四节　博物馆教育

一、博物馆幼儿教育

目前，对于幼儿园的教师来说，博物馆教育可能显得比较陌生，但是在教学实践中，也有不少幼儿园组织幼儿前往博物馆、美术馆、民俗馆、

文化名人故居等场所进行参观。近年来，随着政府对文化教育事业投入的增加，很多博物馆一类的机构都开始提高对幼儿园的开放程度，很多博物馆中还设有教育部门。此外，民间投资的美术馆等文化机构也开始大量出现，这些机构都为幼儿园开展艺术教育提供了很好的资源。免费开放的展览、展区也日益增加，这些参观体验以及专业的教育课堂将极大地丰富课堂教学的体验，拓宽了幼儿的视野。

专业的文化场馆里面的陈设、收藏，乃至环境的布局、气氛，都会让幼儿大开眼界。各种类型的博物馆收藏着来自不同文化、不同地域和不同时代的物品，凝聚着人类的智慧和成就。一个综合类型的博物馆可能收藏有各个历史时期的生产、生活用品，如农具、家具、衣服、鞋帽、碗筷。科学博物馆可提供有关自然科学或物理科学、新技术或空间探索等方面的互动展览。特别是，当今新媒体的迅速发展，计算机技术与艺术、设计的融合迅速兴起影响到人们生活的方方面面。幼儿也不可避免地受到这些新生事物的影响，智能手机、平板电脑的普及，网络游戏、三维动画等新技术的普及，时刻影响着幼儿审美趣味。专门的艺术博物馆陈列着杰出的画家、雕塑家、设计师们的作品，或绚丽的色彩，或古朴的格调，或奇异的造型，或震撼的体量，都会给幼儿带来深刻的视觉体验，也会对他们的思维方式产生积极的影响。自然博物馆里陈列的巨大恐龙标本，色彩斑斓、造型各异的蝴蝶标本，奇异的昆虫和爬行动物标本，远古的植物和动物化石，惊艳的琥珀、贝壳，等等，使幼儿了解到在历史的长河中生命不断的衍变，最终生成了我们当今纷繁复杂、充满多样性的自然世界和人文社会。

当幼儿有机会近距离接触这些艺术真迹时，在感受文化多样性的同时，也发展了他们的研究和探索思维能力。这些展品的背后可能会包含着怎样的故事，使用这些物品的人是什么样的人，他们生活在一个什么样的地方，那些地方的植物、动物、山川、河流是怎样的等等，这些新奇、漂亮的展品会激发孩子的好奇心，促使他们思考、研究和学习。

博物馆里的学习活动可以发展幼儿简单的调查、记录的能力。例如，很多幼儿园组织的博物馆参观活动会布置给幼儿简单的调查任务，如寻找某件艺术品，或者某一类型、某一主题、某一材质的艺术品，等等，幼儿进入博物馆就开始寻找、调查、记录在教师或者博物馆提供的简单记录表上，回到课堂后展开交流，这样使课堂教学的艺术课堂变得生动起来。这种对物品的背景、风格、材质、主题的第一手调查，为解读艺术品的含义提供了初步线索。这种艺术学习的形式可以和其他学科领域相结合，如科学、社会、语言等领域，充分调动幼儿的感官和兴趣，收集、分析信息，交流想法并敢于表达，这将极大程度地拓展幼儿学习的视野，积累丰富的经验。

要了解博物馆教育资源，教师可以联系所在地区博物馆的教育部门。很多博物馆的教育部门有着自己的教育课堂，如果教师能够事先与他们取得联系，可以及时地了解他们课堂中与自己的教学相匹配的内容，以便更好地结合到课堂教学活动中。教师也可以就自己准备开展的教学取得博物馆教育部门的支持，他们往往很愿意为幼儿提供专业的讲解和导览。博物馆往往还有面向公众开放的艺术教育工作坊，还提供很多免费的艺术介绍资料、教材、小册子、海报、明信片和其他印刷材料。有些博物馆的教育部门还可与教育工作者分享艺术教育相关的书籍、影像资料、信息数据，尽可能地为幼儿园和幼儿提供丰富多样的资源。

二、美术博物馆在当代儿童美术教育中的作用

艺术自身过于被尊重，反而妨碍它完成其最重要的机能，尤其对于儿童。美术馆致力于打破这种孤立，使艺术走进大众。走进儿童美术教育的领域，走近儿童的生活和学习。来到美术馆然后再走进半开放式的画室，儿童便可以轻松自由地介入并从事艺术创作活动，这里就是美术馆的培训中心。打开中心大门，映入眼帘的是一大面照片，上面裱着儿童及他们的老师的亲笔签名。这里的每一扇门、每一面墙、每一根柱子，屋顶以至地面都是儿童艺术实验的媒介和载体。来到这里，来到这个孩子们可以感受到美并能自由地想象和进行思考的地方，他们已与自然的和艺术的环境融为一体。课堂教学模式的淡化，艺术在科学力所不及之处给了孩子们以教育。认识艺术，认识人，认识自己以及对自己精神思想的肯定，在快乐的游戏中，在对艺术的感悟中，在不知不觉中，通过对经典美术作品的欣赏，对自己艺术创作的肯定，儿童的基本的艺术性才得以升华。从而使美术馆的作用在艺术教育中亦得以显现。

策划适合儿童的教学活动，把儿童美术教育纳入正常的美术馆的工作，是美术馆培训中心的重要任务之一。有了满足儿童发展阶段的好奇心，以及充满挑战性的教研活动和教学游戏，还有能让他们在艺术上得以学习和感动的艺术作品，儿童来到美术馆便有了精神家园的感觉。在轻松、愉快的氛围中感受艺术、了解艺术并爱上艺术，从由教师的引领过渡到自己学会去观察理解继而发现美的存在，儿童内在的潜力得到激发，他们积极地

投入自己心爱的艺术创作活动中，学习与成长过程有机地融合到了一起。艺术是人的艺术，无论是成人的还是孩子的创造都有相通的地方。当我们换一个角度再去观赏儿童的艺术创作时，往往是不可思议的，年龄的界限不存在了，无数的成年人为孩子的自由创作倾倒。这让人想到艺术大师毕加索的名言，他“花费了终身的精力，就是为了向孩子学习”。

美术馆是人类文明轨迹展示的地方，是全民素质提高和实现自我教育的大课堂。通过策划一系列的教育活动，美术馆从静态经营转化为动态经营，由原来的艺术象牙塔转化为大众可望、可及的学习场所，并成为儿童接受文化传承和领会艺术的殿堂。

艺术的普及，是美术馆的任务之一，把美术馆变成大众增加见识和进行娱乐活动的场所，将美术馆的教育活动与学校、家庭、社区联系起来，相互提携，互为利用，从而使美术馆充满生机。因此，当代美术博物馆的美术教育将不再只是简单的停留在看看展览和听听展览了，它的功能和作用的扩展必然已成为我们工作的重点。

在我们策划儿童参观美术馆作品展览的活动过程中，常常发现这样的情况，有一部分陪同来的家长并不进入美术馆，而是在美术馆大门口等待，然而，他们并非买不起门票，而是在心里普遍认为自己不懂艺术，没有欣赏艺术品的能力，认为美术馆是文化人士以及上层人物去的地方，普通的老百姓走入或者不走入美术馆对他们来说都没有多大的意义。正是针对这种现象，在我们组织儿童参观学习及举办各类活动的同时，对家长也进行了艺术教育的普及，如现在在培训中心学习的孩子和他们的家长已都对艺术产生了浓厚的兴趣，在广东美术馆所举办的各类展览中，家长带孩子观看展览已成为一道亮丽的风景。收藏和研究是美术馆的两大功能。收藏、展览、研究、教育四个部门之间环环相扣，彼此成就。我们知道，不只是艺术家才需要审美，审美能力的培养对于所有的人来说都是重要和必需的。人们在对艺术品的欣赏过程中会进行一种不自觉的自我探索，艺术教育在提升人们艺术品位的同时，也帮助人们完成了人在人性与道德、艺术上的融合。有着崇高审美情趣的人对生命和生活都充满热情，艺术能促进人的精神的升华。

儿童美术是美术馆专业研究工作中不可缺少的一部分，是一项独特的研究活动。儿童是美术馆观众群中一支最强有力的主力军，对于这支队伍，从长远的观念来看，美术馆应给予特别的重视。美术馆的美术教育，针对不同层次的人们，需要有不同的诱导方式。亲近艺术，透过对艺术品的美感享受来培养大众的艺术兴趣及艺术的鉴赏能力，最终达到自我进修、自我学习的目的。对于儿童来说，这种诱导的方式又有区别，因为有些孩子缺乏自控能力，因而对于他们的艺术欣赏能力的培养往往较之学校的教学有比较大的不同。美术馆的教育人员除了必备的专业知识之外，还要有爱心、热情，同时具有一定的领导能力和教学能力。美术馆是提供刺激学习欲望的地方，不同的教育环境，会产生不同的教育效果。美术馆以视觉艺术教学为主，语言艺术为辅，视觉艺术教学与文字语言又相辅相成，密切地结合在一起，反复地引导和深入浅出地表述。事实上，经过专业教育人员的耐心引导，儿童的艺术鉴赏和艺术创作能力都有了很大的提高。

“专家意见为辅，大众意见为主”的做法，带动了当代美术博物馆美术教育形式的转换，增强了美术馆的教育意识。站在生活者立场看美术馆教育，从美术馆到学校，从学校到家庭，从家庭到街道，从街道到美术馆，互动学习的长链的形成，促进了全民艺术素质的提高，美术馆作为一个高不可攀的艺术殿堂已经成为历史。人与艺术的贴近，大众与美术馆的贴近，教育起着不可磨灭的作用。

美术对人格形成的影响，特别是对儿童的影响，这已是一个备受人们关注的问题。在儿童美术教育功能凸现的今天，美术被视为培养儿童文化素养的重要途径。因此，美术馆提供的与艺术品面对面的教育活动以及所创造的一系列的亲子活动、技法讲座，美术鉴赏教学和国内外美术教育专家联合举办的艺术演示、儿童美术理论研讨专题会的召开，都对儿童美术教育产生了很大的影响，并在某种程度上推进了当代儿童美术教育事业的发展。随着时代的发展，人们观念的改变，发挥美术馆教育功能的重要性已引起社会的关注，重新考虑和检讨我们的工作为的是更好地发挥它的作用。美术馆的活动必须要达到高度的学术性，而美术馆的教育功能必须扎根于广大市民才得以展示，两者互为矛盾又互相促进。美术馆教育活动复杂多样，那么怎样的教育方式才是美术馆的教育方式呢?几乎所有的美术馆人都知道，教育是美术馆的一大功能，但怎样操作设计却又使很多美术馆人感到为难。深入社区的美术教育成效要根据教育的理念来策划活动，而对美术馆教育的研究，则需要更多的美术馆人来参与相关的研究工作，不然，这种教育工作就很难改进和提高。特别是针对儿童开展的美术教育。

儿童美术教育在美术馆的开展，首先要从美术馆的管理结构上进行调整。容易忽略的“小美术”，应该充分地融入“大美术”。作为美术馆的首席领导要把他的有关美术教育的理念传递给全馆人员，提倡美术馆人人都要有教育意识，人人都是美术教育专家。美术馆工作人员不但要有美学、美术史的知识，还必须具有教育学、心理学等方面的知识，这样美术馆的教育工作才会有整体的协调。

影响儿童人格形成的儿童美术教育，只有在“大美术”的良好环境下才能得以发展（艺术与教育原本就是不能分开的）。可喜的是，近年来美术馆在儿童美术教育中所做的一切，已在儿童的身上得到充分的体现，“小美术”这一奇葩的茁壮成长，给美术馆教育带来一片新的蓝天。

第六章　幼儿园创意美术教育活动实例指导

第一节　贴近生活，根据幼儿年龄特点设计内容

幼儿园的美术活动离不开日常生活。如果美术活动的内容选择脱离幼儿的实际经历和身心发展特点，那么美术活动必然会索然无味。根据幼儿心理特点、年龄特征和审美能力发展的需要，教师可以选择贴近幼儿生活、容易引发幼儿创作兴趣的内容。课题的设计应围绕同一个主题进行多角度的探索，以主题为依托，设计情境游戏，形成主题统整的单元模块，切忌“大拼盘和大杂烩”，同时也要选择合适的绘画工具。正如阿恩海姆所认为的，联系作品反映的经验的同时又联系这些作品使用的媒介，才能对绘画作品做出全面的描述和理解。

那么，选择什么样的主题内容既能涵盖幼儿不同年龄段的兴趣需求，又与幼儿生活经验和体验具有强烈的关联性呢？无疑，人是幼儿生命之初最为熟悉的，也是幼儿最喜欢表达的对象，是幼儿眼中最早出现的最美的画。幼儿在不同的年龄段对人物的表现呈现不同的特征。涂鸦期的幼儿，能画出一个圆来命名为妈妈、奶奶等。随着年龄增大，幼儿逐渐在圆圈的下面添加线条，来表现他们所熟悉的人物。大班幼儿可以画出穿衣人像来。从这个角度来说，人物是幼儿不同年龄段都喜欢表现与探索的对象，画人物符合幼儿生活经验和体验，因此，可以以“人的认知与表现”为主题，根据不同年龄段进行活动设计。

小班美术系列活动以“小手指，大本领”为主题，设计心智涂鸦活动。涂鸦是幼儿自发的表现形式。孩子们放松地玩颜料，尤其是小班幼儿喜欢在无压力的状态下进行美术活动。教师和家长切忌有拔苗助长的“教育”行为和追求“成品”的习惯。幼儿园要为幼儿创造涂鸦条件，让其尽情游戏，彻底释放心境。

中班以“对人物的探索与表现”为主题，将目标推进到“凸显情感”

上，让幼儿由对人物身体部位的认知，转向对人物情感的体验与表达。具体活动案例可以设计“有趣的表情脸”“我的好妈妈”“满脸皱纹的爷爷”“快乐的一家人”等内容，以情境添画为主，结合不同的媒材进行创意表现。

大班幼儿的认知和情感越来越丰富，关注点从自我、父母身上转移到集体活动和场景中，注重表现人物在不同场景中的动态。幼儿园可以围绕某种特定的场景设计课题。具体主题活动计划示例见表 6-1。

表 6-1　主题活动计划示例表

班级	主题内容		游戏活动	目标	形式	区域活动
小班	心智涂鸦：身体部位认知	1. 神奇的指印画	小手拍拍律动游戏	手指玩色，感知不同的指纹印色，通过短线添加造型，训练幼儿的发散思维能力	指印画	设置涂鸦墙、五官拼图活动
		2. 手指玩偶	手指一家游戏	观察自己的五个手指，并且命名。运用黏土、颜料或是黄泥塑造手纸娃娃，并赋予它们角色	黏土制作	
		3. 我的小手变变变	手影游戏	将投射在纸上的手影造型描绘下来，进行涂鸦游戏	剪影贴画	
		4. 线条宝宝手拉手	幼儿一起跳圆圆舞	幼儿想象线条宝宝跳舞的样子，借助拉手的体验，在线条与线条之间穿插、联结，形成有韵律感的节奏	短线涂鸦	
中班	凸显情感：身边的人	1. 有趣的表情脸	尝味道，画表情	引导幼儿通过味觉的感受，体会酸、甜、苦、辣滋味引起的五官表情变化	黏土贴画	收集全家福照片并布置在区域活动墙上，欣赏妈妈的照片，数数爷爷脸上的皱纹
		2. 我的好妈妈	小小理发师游戏	通过妈妈的脸部及发型特点，感受母亲与子女之间的幸福	沙画	
		3. 满脸皱纹的爷爷	游戏歌曲：好娃娃	观察并比较不同年龄、性别的人的面部特征，表现爷爷的面孔	刮画线描	
		4. 快乐的一家人	全家福	引导幼儿尝试迁移已有的活动经验，表现自己和家人的特点，表现出快乐的情感与分享的喜悦	水粉画	
大班	场景中的人：表现动作	1. 乘车去旅行	情境录像回放	引导幼儿表现不同乘车工具的特点，表现车厢里面的人物的动态和表情	蜡笔画	户外活动，请家长提供节假日旅游的视频资料，幼儿园组织郊游活动、运动会等
		2. 热闹的运动会	情境录像回放	引导幼儿动手制作扭扭棒运动的小人，理解不同的动作	黏土贴画	
		3. 高高矮矮的人	表演游戏	感受高矮不同的人在一起所带来的对比的乐趣	彩笔画	
		4. 我们一起来跳舞	表演游戏：洋娃娃和小熊跳舞	体验集体活动的乐趣，画一画大家一起跳舞的场景。重点引导幼儿体会环形构图的魔力	彩笔画	

一、心智涂鸦——神奇的指印画（小班）

（一）设计意图

手指是最灵巧的画笔，指印画最早来源于意大利瑞吉欧教育体系。该体系主张给孩子无尽的机会和方式尽可能表现自己，用自己的身体去表现内心世界。指印画就是直接用手包括手指、手掌、手背等部位蘸取颜料，在纸上进行指印、掌印、涂抹的创作行为，使得幼儿触觉、视觉等感官体验得到最大限度的发挥。指印画的特点是材料简单、容易操作、作画轻松、富有游戏性。小班幼儿美术活动的主要目标是让幼儿萌发对美术的兴趣。

（二）活动目标

（1）认知目标：体验手部构造与特点，认识流质颜料的特性。
（2）情感目标：大胆想象并添加图像，感受指印的不同变化。
（3）技能目标：训练手部精细动作能力，会用手指拓印不同的造型。

（三）活动准备

材料准备：流质颜料、硬卡纸、小水桶、调色盘、黑色记号笔。

（四）活动重点

训练幼儿的联想能力，将指印通过想象添加为不同的造型。

（五）活动过程

1．感知游戏——引入课题，师幼唱歌

教师播放幻灯片“音乐律动——小手拍拍”，师幼一起唱歌拍手。

2．观察体验——小手指，大本领

（1）教师根据儿歌《小手拍拍》的内容，引导幼儿了解小手指的本领，让幼儿观察他们自己有几个手指，每个手指分别叫什么名字。

（2）教师引导幼儿观察他们自己的手指，看看指纹有什么特点。

（3）教师拿出准备好的水粉颜料调色盘，现场演示一个指印添画（见图 6-1）。

师：你们想不想知道，这个指印能变成什么？看老师变魔术，变！变！变！原来这个图形经过添画变成了一个人哪！

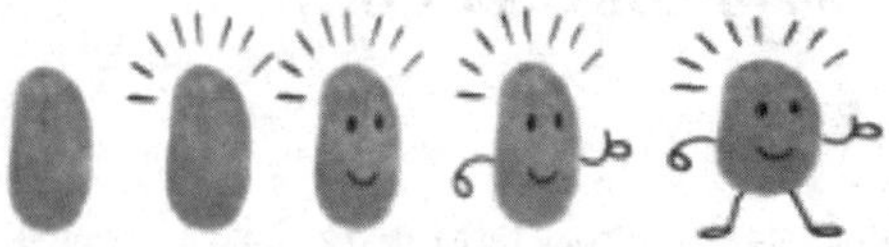

图 6-1　指印添画

（4）教师播放幻灯片，引导幼儿欣赏并了解多种多样的指印创作方法（见图 6-2 ~ 图 6-4）。

师：请小朋友们观看幻灯片，欣赏神奇的小手指还能变成哪些好玩的东西呢?

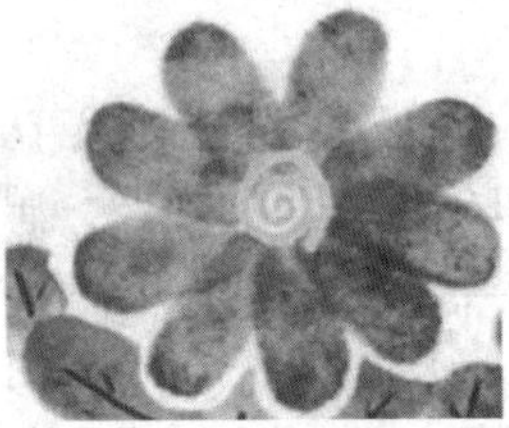

图 6-2　叠加指印　　图 6-3　组合指印　　图 6-4　指印添画

小结：教师提示幼儿印指印画的时候，可以正着印、横着印、斜着印，或者两三个重叠印等不同的印法，或者用手指叠加拓印。

（5）教师介绍工具材料，引导幼儿操作体验。

幼儿两人一组，教师发放材料——盒装水粉颜料、调色盘、形状各异的卡纸片。教师引导幼儿用手指触摸颜料，感受颜料的干湿程度，并尝试拓印图形。

3. 想象与创作——幼儿印画，教师指导

（1）提出印画要求：选择不同造型的纸片，根据自己的想法印指印画。先印手指印，后用马克笔添画。

（2）颜料操作提示：运用颜料的时候可以选择多色，也可以选择单色。

（3）构图提示：可以在纸上画些线条或者树干，然后用手指按出不同方向的枝叶。

（4）创意提示：也可以利用手指画抽象画。幼儿可以将双手都蘸上颜料，在纸上“弹钢琴”，用手指自由地在纸上弹出高低起伏的音符来。

小结：教师启发幼儿想象，让幼儿发散思维，通过添加不同的线

条，变成他们熟悉的形象。一个个小手印，可以并列按压，变成一条毛毛虫；也可以对称按印，变成一只花蝴蝶；或者围绕一个点印，可以变成小花一朵。

（六）作品演示

将所有小朋友的指印作品进行展示和点评。

（七）活动延伸

小班的涂鸦活动是运用各种创意材料在主题单元下进行有层次的探索，其目的是开发幼儿心智及促进内在成长。因而活动延伸涉及四个内容，分别为涂鸦游戏统领下的拓印玩色、泥塑滚色、撕纸剪贴涂色以及圆圈和短线涂鸦的集体体验创作活动。活动中切忌要求孩子做出超越年龄段的要求，比如按轮廓涂色等。由于幼儿手指较小、没有构图意识、作品零散等问题，教师应该准备好玩的材料包，或选择不同造型的纸张，将完成的指印画作品组合起来。

二、凸显情感——有趣的表情脸（中班）

（一）设计意图

从情感发展的角度看，中班幼儿逐渐从小班“自我为中心”过渡到“关注他人”，课程设计以“有趣的表情脸”为主题，为幼儿传递一种情趣化、生动化、真实化的人物表现方式。中班幼儿处于象征期，其绘画喜欢运用夸张的手法表达印象深刻的人物表情而忽略细节。教师应重点引导中班幼儿对面部表情的把握，课程设计应凸显幼儿的情感体验。

（二）活动目标

（1）认知目标：观察人的面孔，了解五官位置的变化引起表情的差异。

（2）情感目标：体验人物内心的喜怒哀乐，在活动中建立关心他人的情感态度。

（3）技能目标：学会运用不同材料表现人物的情感变化。

（三）活动准备

（1）教师准备各种颜色的卡纸、黏土、彩笔、毛线、扭扭棒、即时贴、剪刀、玻璃胶等。

（2）教师准备一些不同味道的食物和不同的漫画表情图片。

（四）活动重点

教师引导幼儿利用嗅觉器官感受酸、甜、苦、辣的味道，观察人物表情的变化与特征，并运用颜色和形象大胆地画出富有情感色彩的脸。

（五）活动过程

1．感知游戏——“尝味道，做表情”

教师：小朋友们，今天老师给你们带来酸、甜、苦、辣四种食物，请你们来尝一尝，然后用表情告诉大家尝到的是什么味道的食物。

（1）教师将幼儿分组，一组尝味道，一组猜。重点观察酸、甜、苦、辣等味道引起的表情的变化。

第一组幼儿尝味道，并做出相应的表情。

第二组幼儿根据表情猜第一组幼儿吃的是什么味道的食物。

幼儿：你知道我尝的是什么味道吗？你是怎么看出来的？我的眼睛有什么变化？我的嘴巴呢？

（2）教师提问：你们吃过辣椒吗？吃辣椒的时候，表情是什么样子的？做出来让老师看看吧。

2．观察体验——“观察表情，猜猜心情”

（1）教师给幼儿提供镜子，观看镜子里的他们自己，让他们用自己的语言向别人描述，并用手比画出来。

一组幼儿照镜子，拉一拉嘴角，皱一皱眉毛，做一个笑脸，观察自己的五官的变化。

另一组幼儿通过观察第一组幼儿的表情猜猜他们的心情是什么样子的。教师引导幼儿通过尝味道、观察表情变化推测幼儿心情的变化。

（2）教师展示漫画表情图片（见图 6-5），让幼儿仔细观察喜、怒、哀、乐的表情。

（3）幼儿上台进行模仿表情秀，自由表演，教师提问。

教师：这个小朋友怎么了？他很高兴啊，我们从哪里看出来的呢？（嘴角向上翘、眼睛眯成线、眉毛弯又弯）

教师：这个小朋友怎么了？他生气啦，你从哪里看出来的呢（嘴角向上嘟、眉毛皱一团）？

（4）同伴分享交流：你喜欢画哪种表情？为什么？

高兴　伤心　无奈　生气

图6-5　漫画表情

3．想象创作——自选材料，根据经验作画

（1）教师发放绘画工具及材料：沙画、油画棒；彩色卡纸；纸盘和黏土。教师引导幼儿自己选择喜欢的绘画工具及材料。

（2）探索表情的表现方法。

教师引导幼儿选择喜欢的表情后，让幼儿照照镜子画出来。

教师：镜子里面出现一张小脸蛋，把它用笔表现出来吧。

教师提示幼儿，将纸张当作镜面，将脸蛋画上去。教师还可以巧妙地提醒幼儿构图布局等。

（3）教师重点引导幼儿把注意力放在五官的表现上，其他的部位让幼儿自由进行发挥。

（六）作品展示

将所有小朋友的表情作品进行展示和点评。

（七）活动延伸

幼儿与家人十分亲密，家人通过“有趣的表情脸”活动，可以帮助幼儿了解不同的心情会使人的五官有多种变化。家人引导幼儿想想自己妈妈有什么特点，“我的好妈妈”活动由此开展。“满脸皱纹的爷爷”“快乐一家人”等系列活动引导幼儿观察全家每个人的独特之处，爸爸与妈妈有什么不同，爷爷和爸爸有什么不同，然后让幼儿画一张全家福，帮助幼儿表现并区分不同人物的年龄、性别和发型服饰等差别。

三、注重场景——乘车去旅行（大班）

（一）设计意图

幼儿对任何一种美术技巧的认识和学习，都与他的生活经验联系在一起。大班幼儿着重表现人物的动态和所处的环境之间的关系。他们必须通过感官和行动来直接接触物体或事件，比如通过自身运动，感知身体部位的动作变化。幼儿试图传达的内容源于自己的经验，幼儿的创造反映了他们经验的范围和体验的程度。因此，幼儿园在设计此次活动的时候，可以增加幼儿示范表演的情境游戏，为幼儿创作提供直接经验。

（二）活动目标

（1）认知目标：引导幼儿表现不同交通工具的特点、造型和人物动态。

（2）情感目标：激发幼儿回忆乘车旅行的感受，丰富对事物的体验。

（3）技能目标：掌握人物动态的表现方法以及水彩笔涂色技巧。

（三）活动准备

材料：彩色图形纸、水彩笔、黑色勾线笔、胶棒、玩具小车等。

（四）活动重点

引导幼儿表现车厢里的人物动态和表情。

（五）活动过程

1. 情境回放

（1）谈话回忆。

教师：小朋友们，假期爸爸妈妈有没有带你们去旅行呢？现在老师想请小朋友们说说，你们都去哪里玩了呢？有什么美景吗（请个别幼儿举手回答）？

倾听幼儿发言，通过他们描述的情境，帮助他们将回忆目标集中在旅行途中。比如，他们乘坐的是什么车？是长长的火车，或是公共汽车，还是在空中的飞机？

（2）教师播放幻灯片视频——认识常见车辆，丰富幼儿的认知。

教师：森林到了，这儿空气真好啊。这儿还有好多美丽的鲜花，还有蝴蝶飞来了。瞧，小动物们也都来啦。原来它们约在一起春游呢。哇，小动物们是怎么来的呢？它们开的是什么车？

（嘟嘟——汽车开来了，小脚要站好，小手要扶稳。看谁下车了？原来是小猫咪一家啊。）

（滴滴滴——摩托车开来了，小兔子开着摩托车来玩了。）

小结：教师通过播放视频引导幼儿加深乘车的体验和兴趣，丰富幼儿的认知，让他们乘车旅行的回忆生动起来。

2. 观察体验——迁移游戏、玩具车观摩体验

（1）教师提供不同类型的玩具车，让幼儿观察。

教师：大街上的交通工具可真多呀。我们现在来参观一下汽车模型展览吧。

教师引导幼儿通过玩具车，了解火车、汽车、飞机的构造和用途。

教师引导幼儿一边玩一边说什么车、什么颜色、怎样的构造。

（2）教师提问：谁来告诉我，你玩的是什么车？车上有什么？

（3）迁移体验——引导幼儿想一想，乘不同的车有什么感受。

教师：能否请小朋友们表演一下乘坐这些车辆的感受？

公交车——小朋友，小脚站稳、小手扶稳、礼貌让座……

摩托车——小朋友抱紧爸爸哦，滴滴滴，过马路要看红绿灯……

小汽车——嘟嘟嘟，小朋友系好安全带......

（4）教师播放幻灯片，让幼儿观察人物奔跑的动态效果图（见图 6-6）。

图 6-6　人物奔跑的动态效果图

（5）同伴分享交流，用语言描述跑、站、坐等动态。

3. 想象创作

（1）教师发放材料，小朋友自由选择。

（2）教师引导幼儿确定主题。

教师：你们家外出旅行乘坐什么车？去哪儿？都有哪些人去？把你乘车去旅行的场景画出来告诉别的小朋友吧（小朋友们说得越具体，越高兴，在头脑中的印象就越清晰和深入）。

（3）教师进行作画指导，引导幼儿先画出交通工具，再表现人物动态。

小结：当幼儿涂色时，教师用拟人化的语言提示小朋友们穿上暖暖的厚衣服，把涂色练习变成幼儿关心同伴的行为，就使原来的涂色要求从一个无意义的行为变成有意义的表现。

（六）作品展示

将所有小朋友的作品进行展示和点评。

（七）活动延伸

大班幼儿主题课程由四个模块构成："乘车去旅行""热闹的运动会"是幼儿亲身体验后的创作活动，重点引导幼儿去观察和表现不同场景下人物的动态与情感。"高高矮矮的人"和"我们一起来跳舞"引导幼儿表现集体活动时，如何利用比例关系、运用环形构图方式等表达复杂的场景。

第二节　源于本土，感知民间美术特色与文化

每个地方的民间美术都是当地活的民俗文化，也是当地文化的活化石。关注地方民间艺术文化，打造富有当地特色的课程，是创意美术活动的一个切入点。借此契机可以让本土文化走进幼儿的课堂，激发幼儿对本土美术文化的兴趣，提供感受和体验本土文化的机会，为传承优秀的民族文化传统奠定基础。本土美术资源更接近幼儿的生活经验，更容易引起幼儿的情感共鸣，教师应该因地制宜挖掘、利用和甄选素材，形成具有特色的美术课程。以河南为例，民间美术主要有罗山皮影、淮滨彩塑、开封朱仙镇木版年画等，始终带着神秘的色彩和古朴的韵味。民间美术不仅仅是一种纯朴的艺术形式，更是民间鲜活的生活的再现，体现了民间艺人精神

情感的渗透，更具有感人的魅力，也为幼儿所喜爱。

传统节日是民间美术的大荟萃，利用传统节日和民间庆典的机会，带幼儿参观或共同参与传统民间艺术或地方民俗文化活动，是培养幼儿传统美术精神的重要途径。中华民族有许多传统节日和庆典活动，尤其农历春节更是普天同庆、阖家团圆的日子。但是，在经济高速发展的今天，这些节日庆典活动和风俗礼仪，随着居住空间的改变与亲人相聚时间的减少，逐渐演变成个体的观看电视的行为，使得节日的文化内涵和凝聚力削弱。因此，可以选择“欢欢喜喜过大年”为主题进行设计活动，目的是让幼儿感受和体验春节的风俗文化内涵，通过春节这个主题，进行中原地区民间美术活动系列学习与表现。幼儿园在设计美术课程的时候，可以依托特定的春节主题活动，将年画、剪纸、民间戏曲表演等相关民间美术形式进行内容整合，引导幼儿感受浓郁的喜庆氛围（见图 6-7 和表 6-2）。

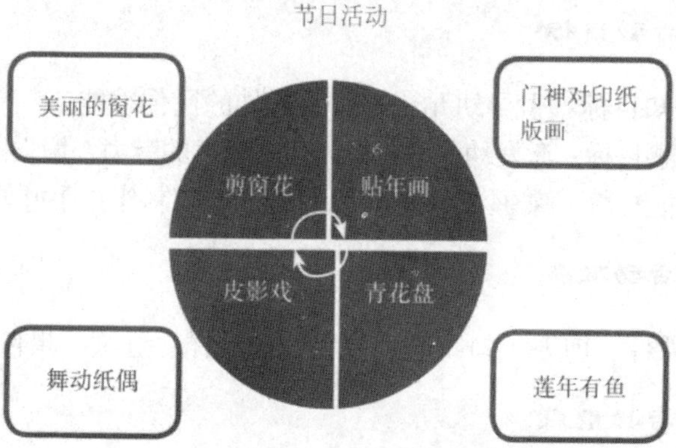

图 6-7　“欢欢喜喜过大年”主题活动设计网络图

表 6-2　主题活动设计计划表

活动场景	主题活动内容	游戏活动	目标	形式	区域活动
家庭装饰	1.拉手娃娃——美丽的剪纸	手拉手转圈圈	掌握二方连续折纸法并制作拉手娃娃剪纸作品	剪纸贴画	家庭寻宝
	2.门神对印纸版画（拓展活动）	门神赏析	欣赏朱仙镇木版年画，并了解门神的画法	彩墨画	
	3.莲年有鱼——青花瓷盘设计	情境故事	引导幼儿运用吉祥纹表达自己对青花瓷的感受和体验	纸盘设计	
	4.舞动精灵——手绘皮影	观剧赏析	了解皮影制作的相关材料和制作方法，掌握简易的皮影人物手绘	手绘	

一、拉手娃娃——美丽的剪纸（大班）

（一）设计意图

幼儿都有和家人一起欢度春节的经验，热闹欢腾的节日活动使幼儿积累了大量的感性经验，同时也亲身感受了过年的浓郁氛围。“拉手娃娃”可以作为以“欢欢喜喜过大年”为背景开展的系列活动之一，旨在引导幼儿关注家庭场景里面的“民间美术形式”，留心观察在日常生活中的民俗民风。幼儿剪纸学习有目测剪、沿线剪、折叠剪等三个层次。大班幼儿主要运用折叠剪纸，线折叠出纹样具有对称性的二方连续纹样。纸的折叠层次不宜过多，可以简单团花剪纸等。在折叠好后，教师提供拉手娃娃的造型，让幼儿照样把拉手娃娃的形状用铅笔画出来，然后引导幼儿按照轮廓线剪。

（二）活动目标

（1）认知目标：引导幼儿认知拉手娃娃的民俗功能。
（2）情感目标：激发幼儿了解民间剪纸艺术的魅力，增强民族自豪感。
（3）技能目标：掌握二方连续折纸的方法，制作拉手娃娃剪纸作品。

（三）活动准备

多媒体课件、剪刀、勾线笔、拉手娃娃纹样、红纸、黑色卡纸。

（四）活动重点

引导幼儿掌握二方连续折纸的方法。

（五）活动过程

1. 情境故事导入

（1）讲故事引入课程。

教师：很久很久以前，每逢过年的时候，就有些剪纸的女人背着纸箱走街串巷，用灵巧的双手剪出吉祥的“福”“喜”等漂亮的剪纸，把祝福和快乐送给人们。这些女人还送人“拉手娃娃”贴在门楣上。拉手娃娃张开双腿站立，其寓意暗示妖鬼病魔就不敢进家门。

（2）教师引导幼儿讨论。

教师：小朋友们有没有见过这些剪纸呢？在哪里见过呢？

幼儿：家里过年的时候，会在窗户玻璃上贴些“福”字剪纸。

幼儿：姑姑结婚的时候，我看见会贴“喜”字剪纸。

（3）打开投影仪，播放幻灯片欣赏“拉手娃娃”剪纸（见图 6-8）。

图 6-8　拉手娃娃

教师引导幼儿欣赏拉手娃娃的造型。

第一幅图：他正面站立，圆头、两肩平张、两臂上举、两腿分开。

第二幅图：送钱娃娃，他们手拉手拿着钱，上下两层，意为“上边大神神、下边小神神”。

小结：拉手娃娃，又被称为“抓髻娃娃”，这种剪纸的寓意是：既能保佑家人生命安全，又能够保佑本族人丁兴旺，子孙不断。剪纸娃娃手拉手连一串，神通广大，非常厉害。

2. 观察体验

（1）继续播放幻灯片，欣赏单色剪纸作品。

引导幼儿讨论：这些作品上的娃娃是什么样的？为什么有这么多娃娃手拉手？他们在干什么呢？

（2）迁移体验——观看拉手娃娃剪纸，让幼儿跟老师学一学。

教师引导幼儿模仿拉手娃娃的造型和姿态，并让幼儿一起拉手。

（3）教师先引导幼儿折纸，掌握二方连续折纸方法，然后让幼儿随意剪，体验折纸后再剪的效果。

教师：光学学样子还不够哦，我们动手做一做吧，先试一试、体验一下。

3. 理解并自由制作

（1）教师发放材料，黑色卡纸、红色剪纸、剪刀、双面胶等材料每人一包。

（2）根据在课堂上对拉手娃娃造型的描摹，教师引导幼儿创作两个以上的拉手娃娃，并提醒他们可以先将纸张折叠然后再进行剪纸（拉手娃娃造型见图6-9）。

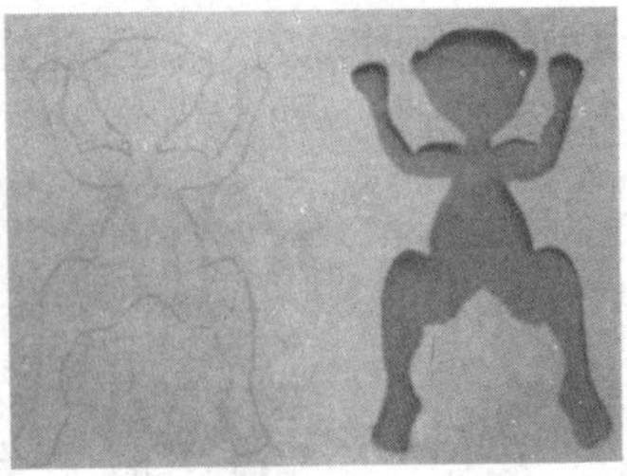

图6-9　拉手娃娃造型

（3）在幼儿创作的时候，教师可以提醒幼儿剪出金元宝、钱币等吉祥图案，把自己对家庭生活的美好祝愿表现在拉手娃娃上，剪好后自己贴在黑色的卡纸上。

（六）作品展示

将所有小朋友的作品进行展示和点评。

（七）活动延伸

教师通过设计“拉手娃娃”剪纸的活动，让幼儿理解其内涵及民俗功能。以此类推，教师引入春节的对联、年画门神、灶神及家里摆设用的青花瓷瓶和厨房常见的青花瓷盘等内容，重点以开封朱仙镇木版年画为内容设计“门神对印纸版画”系列美术活动。

二、“莲年有鱼”——青花瓷盘设计（大班）

（一）设计意图

本次活动是以青花瓷欣赏为切入点，帮助幼儿了解青花色彩和纹样的特点。以幼儿常见的“盘中鱼”为主题纹样，既符合幼儿生活经验，又切合“莲年有鱼”的吉祥寓意——连年有鱼，使得青花瓷“审美”和“祝福”的双重文化功能凸显出来。本次活动的设计目的是让幼儿能够理解并结合自己的生活经验，掌握中心纹样的绘画方法。

（二）活动目标

（1）认知目标：认知“莲年有鱼”的纹样寓意及青花瓷盘的魅力。

（2）情感目标：激发幼儿了解传统青花瓷盘的兴趣，促进幼儿热爱传统文化。

（3）技能目标：引导幼儿学会运用吉祥纹样装饰和白底蓝花清新淡雅的色彩。

（三）活动准备

青花瓷盘图片、纸盘、蓝色颜料、棉签、画笔、《青花瓷》背景音乐。

（四）活动重点

引导幼儿运用吉祥纹样表达自己对青花瓷的感受和体验。

（五）活动过程

1．情境导入

（1）谈话导入，激发幼儿对青花瓷的兴趣。

教师：你们都见过瓷盘吗？你们平时家里吃饭用的是什么样子的盘子呢？

教师：今天老师准备了一些瓷盘的图片，我们一起看看，这些瓷盘给你们带来什么样的感受？

（2）教师和幼儿一起欣赏青花瓷盘（见图 6-10 和图 6-11）。师生一起在优美的背景音乐中观看青花瓷盘课件，感受和初步了解青花瓷的色彩、纹样的美。

图 6-10　青花瓷盘（一）

图 6-11　青花瓷盘（二）

教师：这些瓷盘上有哪些颜色？白色的是什么？蓝色的是什么？（白色的是瓷盘，蓝色的是上面画的各种花纹。）

教师：这些蓝色一样吗？哪里比较深？哪里比较浅？它和白色在一起给人什么感受？

（3）了解“青花瓷盘”的名称由来。

教师：你们知道吗？这些瓷盘上深深浅浅的蓝色还有一个名字叫“青色”，在白色底上画的青色花纹，叫作“青花”，这些瓷盘叫作青花瓷盘。

2．感知体验——“莲年有鱼”吉祥纹在青花瓷盘上的运用

（1）了解青花瓷盘花纹。

教师：青花瓷盘除了色彩很漂亮外，还有哪里让你觉得很漂亮？（花纹。）

教师：有哪些花纹？（有动物、植物、人物、风景）

（2）“莲年有鱼”吉祥纹样。教师播放幻灯片青花瓷盘（见图 6-12～图 6-14），请幼儿欣赏，分别说说盘上画的是什么纹样。

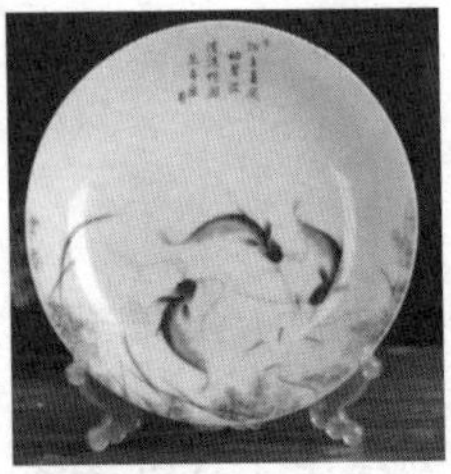

图 6-12　青花瓷盘（一）

图 6-13　青花瓷盘（二）

图 6-14　青花瓷盘（三）

教师：除了这些常见的纹样外，还有一种吉祥纹样，不仅能让青花瓷盘更美丽，还能把美好的祝福带给大家，比如把鱼画在盘子上，祝愿大家连年有余。它是借用莲和“连”、鱼和“余”的谐音，画出莲花和鱼两种形象暗示年年丰收之意，是人们称颂祝贺之词。

（3）了解青花瓷盘的“鱼”纹的布局结构。

教师：让我们再看看，这些鱼都画在瓷盘的什么地方？（有的画在瓷盘中间，有的画在边上，都很漂亮。）

3．自由创作

（1）教师介绍材料和绘画方法。

教师：今天老师准备了纸盘、深深浅浅的青色颜料和画笔，我们也试试画一个青花盘吧。我们运用“莲年有鱼”纹样，把鱼儿画在盘中吧，可以先从中心开始画。

（2）幼儿创作，教师巡回指导。教师指导幼儿在纸盘中以“鱼”为主，大胆表达自己的愿望和祝福，在绘画的时候可以用棉签帮忙点画，

可以引导幼儿在鱼的周围添加一些相关形象，丰富图案内容，降低表现难度。

（3）拓展幼儿对青花瓷的经验，提示幼儿“莲年有鱼”吉祥纹样还有很多，让幼儿回去以后再找一找，看看那些吉祥纹样都有哪些美好的寓意。

（六）作品展示

将所有小朋友的作品进行展示和点评。

（七）活动延伸

在青花瓷盘的设计中，教师引导幼儿欣赏不同的青花瓶造型，启发幼儿在白底瓶子上制作青花图案。

三、舞动的精灵——手绘皮影（大班）

（一）设计意图

罗山皮影是河南民间优秀的传统艺术表演形式，它集说、唱、演为一体，具有深厚的艺术内涵和文化价值。皮影造型独特，富有装饰感，大量运用中国戏曲元素的图案。欣赏和制作皮影能帮助幼儿了解更多的民间艺术形式和民俗文化。皮影课程的开展重点在于引导幼儿欣赏，皮影制作过程复杂不太适合幼儿在短时间内完成，因此活动可以分两个课时进行。教师可以首先引导幼儿尝试在刮画纸上创造侧面手绘皮影人的活动，掌握皮影造型特点及色彩的运用，同时结合戏曲人物的发型、服饰的特点进行装饰。

（二）活动目标

（1）认知目标：欣赏河南罗山皮影，感受其造型、色彩及形象的美。

（2）情感目标：引导幼儿探索、了解皮影的表演，并引导他们对皮影艺术的兴趣。

（3）技能目标：了解皮影制作的相关材料和制作方法，掌握简易的皮影人物手绘。

（三）活动重点

引导幼儿了解皮影的侧面画法，学会手绘皮影人。

（四）活动过程

1. 情境导入

（1）谈话引入课题。

教师：小朋友们喜欢看动画片吗？你们知道吗？在电视和电影没有发明之前，人们喜欢看一种类似于动画片的表演，它就是皮影戏。

教师：你们看过皮影戏吗？今天老师请你们观看一段皮影戏。请你和自己看过的动画片比较一下，看看有什么不同。

（2）欣赏罗山皮影戏《哪吒闹海》，播放视频资料。

教师：你们看到了什么？你觉得和你看的动画片《哪吒闹海》有什么区别呢？（初步感知皮影戏的神奇，发现皮影的特点——幕后有人操作。）

（3）认识罗山皮影，了解皮影戏的表演方式。

教师：既然小朋友们这么好奇皮影戏表演幕后藏着什么，那就给大家看一看。

（幕布的遮挡、形象的皮影及生动有趣的配音，皮影戏的这些特点适合幼儿心理，能迅速刺激幼儿继续探索的欲望。）

2. 理解体验

（1）教师播放幻灯片，展示皮影图片（见图 6-15），并讲解皮影的特点、造型。

图 6-15　皮影

（2）了解皮影戏需要的道具。

教师：皮影表演需要有亮子（白布）、灯光、皮影人、人、乐队。

（3）教师播放幻灯片——皮影的制作过程，引导幼儿观察皮影，简单了解皮影的制作过程。

教师：你们有什么发现吗？

（皮影人是侧面脸，皮影人是可以活动的。）

小结：每一个皮影人都是不同的，因为它们表现的是不同的人物；皮影人的结构设计得很巧妙，皮影人的每个关节都可以活动，这样表演起来才生动传神；皮影人的脸和身子都是侧面的，可以左右动作，这样在幕布上演出就像真的人一样。

3. 尝试手绘皮影人

（1）教师给幼儿发放材料：刮画纸、竹签、卡纸、水彩笔等工具。

（2）教师引导用马克笔画出人物的侧面脸，可以让某个幼儿做模特，侧面站好，其他幼儿观察侧面人物特点。教师还可以提供侧面人模具，让幼儿使用模具拓画。同时，教师准备关于衣服、发饰等资料图片，供幼儿参考。

（3）幼儿制作，教师巡回指导。

（六）作品展示

将所有小朋友的作品进行展示和点评。

（七）活动延伸

在手绘皮影人的侧面造型的基础上，教师引导幼儿尝试做一个皮影人。利用磨砂胶片和马克笔制作，选取皮影制作的关键点，简化制作方法。这样既满足幼儿尝试制作的愿望，又突出皮影人物造型的特点。先用磨砂皮代替牛皮，教师将制作流程图贴在墙上供幼儿参照：画侧面人－裁剪关节－着色－塑封－连接关节－上操作棒。营造表演的氛围，以台灯配幕布，激发幼儿完成皮影人制作的信心。

第三节　传承经典，走进博物馆与实物面对面

幼儿园应该尽量创造条件让幼儿接触多种艺术形式和作品，有条件的情况下，带幼儿去剧院、美术馆、博物馆等欣赏文艺表演和艺术作品。博物馆不仅藏品丰富，而且也具有教育的功能，幼儿园可以进行资源整合，

满足幼儿的多重需求。

（1）博物馆课程资源的开发与利用，是当地幼儿园园本课程开发的新方向和动态。它能弥补幼儿园美术课程结构单一，以学科知识教学为主忽略幼儿实际生活体验，以视频图像为主忽略幼儿与实物接触的真实感受等不足之处。对于幼儿来说，语言、故事、图片都没有踏进博物馆亲眼看到文物来得真实、可靠。无论图片怎么逼真，也代替不了亲眼见到千百年前的文物上的裂纹来得震撼，无论屏幕上的作品显示得多么清晰，都无法取代近距离观赏画布上的颜料的笔触感。带幼儿去博物馆，就是让他感受艺术与文化的最好方式。

（2）博物馆是跨学科学习的最佳场所，有助于多学科多重思维方式的融合。博物馆应该成为幼儿了解当地文化、历史与艺术的窗口。基于博物馆藏品开展美术活动，能够通过欣赏当地某一特定藏品，发展幼儿的语言、历史、文化与思考创造能力等综合能力，同时能够引导幼儿以直接经验为基础，感悟美与欣赏美，培养发现美的眼睛，进而可以创造美。

（3）基于当地博物馆特色资源，设计符合幼儿认知和心理特点的美术活动。博物馆藏品丰富，内容多样，但不是都适合幼儿欣赏与表现。教师在引导幼儿参观的时候，应该选择符合幼儿认知和心理特点的展览与藏品，设计亲子美术活动。面对远古文物，比如高冷青铜器、战国编钟、古代实木家具、古城阳城遗址等，由于远离幼儿实际生活经验，幼儿很难理解背后的历史文化内涵。如何拉近幼儿与这些文物之间的距离呢？教师可以选择以“文物动物园”为主题（见图 6-16 和表 6-3），吸引幼儿的兴趣。以动物造型青铜器、动物纹饰为装饰的青铜饕餮纹为线索，引导幼儿初步了解古代社会、生活、信仰及文化，扩大幼儿视野。

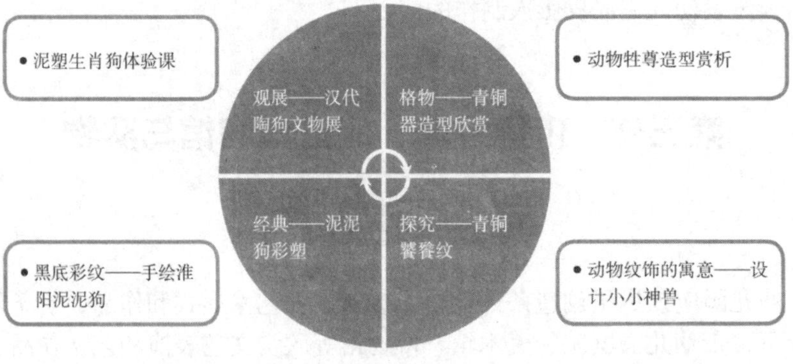

图 6-16　文物动物园主题设计网络图

表 6-3　以河南信阳博物馆资源为例开展“文物动物园”主题活动计划表

活动主题	主题内容	游戏活动	目标	形式	区域活动
文物动物园	1.陶狗纳福——泥塑生肖狗	观展	引导幼儿掌握简单的泥塑制作方法	黏土制作	收集文物资料、图片展览
	2.黑底彩纹——泥泥狗彩塑（拓展活动）	观展	掌握泥泥狗的色彩特点	刮画泥狗	
	3.青铜器尊——萌萌的动物尊	赏析	引导幼儿了解青铜象尊造型、功能与制作	赏析	
	4.饕餮纹饰——贪吃的小怪兽	赏析	引导幼儿掌握饕餮兽面纹样的特点，并用线描手法去创作	线描	

一、陶狗纳福——泥塑生肖狗（小班）

（一）设计意图

幼儿天生对动物有着非常浓厚的兴趣，他们喜欢模仿动物的叫声、动作。教师带幼儿走进博物馆，根据幼儿的喜好，选择以“神奇动物”为主题，让幼儿近距离欣赏陶狗，感知陶狗的造型风格后，设计美术活动陶狗纳福——泥塑生肖狗。泥塑需要幼儿双手协调配合，对锻炼幼儿的手指精细动作及协调能力有好处。狗的五官部分的塑造还是有难度的。教师需要根据儿童对应年龄阶段的心理特点和智力水平，层层递进，由浅入深，引导幼儿观察，创作幼儿自己喜欢的动作和姿态。

（二）活动目标

（1）认知目标：引导幼儿认知彩塑泥泥狗的造型特点。

（2）情感目标：激发幼儿了解民间泥塑艺术的魅力，增强其民族自豪感。

（3）技能目标：掌握捏、搓、压等手法制作泥塑小狗。

（三）活动准备

多媒体课件、彩塑泥泥狗样本、超轻黏土。

（四）活动重点

引导幼儿掌握简单的泥塑制作方法，训练幼儿的手的动作灵巧性。

（五）活动过程

1．情境导入

（1）带幼儿参观展览。

以博物馆的“汉代陶狗文物展”为例（见图 6-17 和图 6-18），教师可以组织幼儿进行参观，让幼儿有直接的观赏体验。

图 6-17　汉代陶狗（一）

图 6-18　汉代陶狗（二）

（2）教师播放幻灯片，引导幼儿欣赏，增加幼儿观赏体验。

教师：这些是穿越千年历史，展现在我们面前的陶狗，让我们看看这些千年萌宠是什么样子吧。

教师：这些陶狗的头部是什么样子的？头上有什么？（引导幼儿欣赏和分析狗的形象。）

教师：这些陶狗的身体是什么样子的？有什么样的姿势动作呢？（引导幼儿观赏陶狗的造型、动作姿态。）

教师：这些陶狗从哪里来的呢？

（它们是汉代墓葬出土的文物。它们在主人死后，陪伴着主人的亡灵，是主人忠诚的伙伴。）

2．理解体验

（1）教师播放幻灯片，引导幼儿欣赏陶狗的不同姿态，感受陶狗的艺术特点。

教师：这些陶狗在干什么？你最喜欢哪一只？

（2）教师向幼儿讲述《十二生肖狗》的故事。

教师：这些陶狗不仅造型优美，还是人类忠诚的伙伴。

3. 自由创作——让我们制作一只生肖狗

（1）教师发放材料。

（2）教师引导幼儿观察材料并演示、讲解“狗”的塑造方法。

塑造躯干部分：教师引导幼儿取一块泥，双手搓成粗的圆柱。用泥工刀切分，捏出四肢部分。

塑造狗的头部与尾部：教师引导幼儿再取一块泥，团一个泥球，从两边捏出两只灵敏的耳朵，把头在身体部分固定好。

塑造狗的面部五官：教师引导幼儿看看狗还缺少什么，然后做出狗的眼睛、鼻子、嘴巴，最后摆出狗的姿态动作。教师要提醒幼儿泥是软的，只有弯一弯，才能做出他们想要的动作。

（3）教师协助并巡回指导。

（六）作品展示

将所有小朋友的作品进行展示和点评。

（七）活动延伸

幼儿参观展览后，通过动手制作泥狗，掌握泥塑生肖狗的造型和捏塑方法，以此为基础，幼儿可以进一步了解淮阳泥泥狗等经典馆藏品，通过对比泥泥狗造型与色彩特点，掌握泥泥狗黑底彩纹的装饰特点。教师引导幼儿动手制作，加深幼儿对彩塑泥泥狗的认知，可开展美术活动“经典赏析——手绘淮阳泥泥狗”。

二、青铜器尊——萌萌的动物尊（中班）

（一）设计意图

青铜器本身因年代久远与幼儿的生活没有直接关系，如何拉近它们与幼儿的距离，将这些冷冰冰的艺术品以生动、有趣的方式吸引幼儿感受其魅力，是博物馆美术教育的难点。因此，活动可以选取比较特殊的“动物尊”，比如造型有趣可爱有亲和力，比较适合幼儿欣赏品味的“动物尊”。教师引导幼儿观察青铜器动物尊的造型特点与特色，激发幼儿的好奇之心。在博物馆欣赏展品，需要思考和学习，而不是让幼儿走马观花式地欣赏，要培养一种观念——欣赏艺术品需要慢慢积累美感经验。教师适当地进行讲解与引导，可以让幼儿的思维能力变得更加丰富和多元。

（二）活动目标

（1）认知目标：引导幼儿了解青铜象尊的造型、功能与制作。
（2）情感目标：激发幼儿对青铜器“动物尊”的喜欢之情。
（3）技能目标：能够辨别不同的动物尊的造型特点与功能。

（三）活动准备

（1）幼儿参观博物馆。
（2）教师制作相关幻灯片，准备各种动物造型的青铜器图片。

（四）活动重点

引导幼儿掌握象尊的造型特点与功能。

（五）活动过程

1. 情境导入

（1）教师以幼儿参观博物馆“牺尊”为切入点，引导幼儿回忆这些青铜器的造型（牺尊见图6-19，象尊见图6-20）。

图6-19　牺尊

图6-20　象尊

（2）教师播放课件，请幼儿欣赏动物造型的青铜器。
（3）教师引导幼儿感知青铜器，并让幼儿与同伴交流青铜器的样子。

2. 理解体验

（1）教师引导幼儿认知什么是“尊”。

教师：尊是古代人们用来装酒的一种器具，是一种大而圈足的盛酒器，盛行于商和西周。

教师：请小朋友们联系现在，人们是用什么装酒呢?

小结：尊就是我们用来装酒的工具。

（2）教师引导幼儿理解什么是“动物尊”。

教师：尊多以动物形态为造型，寓意生活富裕，尊的形体可分为有肩大口尊、觚形尊、鸟兽尊等三类。

教师继续播放不同种类的动物尊图片，引导幼儿欣赏。

（3）教师引导幼儿了解什么是“青铜动物尊”。

教师：青铜动物尊，就是用青铜材料制作的动物形象的尊，主要是用作装酒的容器，也是一种身份地位的象征。

3．深入赏析动物尊的纹样

教师引导幼儿欣赏动物尊的纹样，了解这些纹样的寓意与内涵。

（六）作品展示

引导小朋友欣赏分辨不同的动物尊。

（七）活动延伸

教师引导幼儿欣赏不同种类的动物尊，并让幼儿尝试用黄泥或黏土制作动物尊。

三、饕餮纹饰——贪吃的小怪兽（大班）

（一）设计意图

博物馆藏品丰富，是对幼儿进行审美教育的第二课堂。地方博物馆是一个城市的文化、历史、自然、科学和艺术的聚宝地，是幼儿园培养幼儿的审美意识和博物意识的最好途径。基于博物馆藏品开展美术活动，能够通过某一特定藏品，促进幼儿的语言、历史、文化与思考创造等综合能力的发展。例如，以殷商时期青铜纹饰为欣赏主题，将青铜器皿饕餮纹饰的内涵用讲故事的形式引导幼儿理解，并通过“贪吃的小怪兽”美术活动，诱导孩子将内心的审美体验表现出来，以避免教师“蜻蜓点水”式的讲解和幼儿“走马观花”式的欣赏。

（二）活动目标

（1）认知目标：引导孩子了解历史，认知青铜纹饰的特点。
（2）情感目标：激发幼儿对青铜兽面纹饰的兴趣。
（3）技能目标：会采用对称法绘制兽面纹。

（三）活动准备

幼儿参观博物馆、制作相关幻灯片、准备活动材料等。

（四）活动重点

重点引导幼儿掌握饕餮兽面纹样的特点，并用线描手法去创作。

（五）活动过程

1. 情境导入

（1）有组织地带幼儿参观博物馆的青铜器。教师引导幼儿欣赏，拉近与幼儿的距离，这些看起来奇形怪状的金属瓶子罐子，是殷商时期的锅碗瓢盆。

（2）教师激发幼儿观赏体验，讲解这些透着青色满是怪兽花纹的金属器物的用途。这些形状各异的青铜器用途也不一样。比如，挺着大圆肚和大耳垂的是簋，长着三条腿儿的是鼎，肚子大而嘴巴小，有盖和提梁的装酒器就是卣，有三条细腿饮酒用的称作爵，相当于现在的酒杯（商 饕餮纹鼎见图 6-21，周 息父辛爵见图 6-22）。

图 6-21　商 饕餮纹鼎

图 6-22　周 息父辛爵

教师：古人划分青铜的用途就是很简单，容器下面竖着腿儿的就是炊煮器，容器下面盘起腿儿的就是盛放器。

（3）教师播放爵、斝、鬲幻灯片，引导幼儿观赏完各种形状的青铜器后，教师提问，引导幼儿观察这些器物上的纹样的特色。

小结：激发幼儿的想象力，将认知难度高的青铜器皿变成可以由孩子们支配的做饭的炊具，在孩子眼里变成了“过家家”的游戏，他们想象着自己拿着“爵”喝水，在“斝”里装酒，用“鬲”煮饭，在“豆”里放香喷喷的饭菜等。每一件比较难懂的青铜器皿都被合理使用。

2．理解体验

（1）故事导入——教师讲述神秘的怪兽“饕餮”的传说。

教师：饕餮是古代传说中的神兽，它最大的特点就是能吃。它是人们想象中的神秘怪兽，它只有面部，没有身体，是为什么呢？原来是因为它太能吃了，见到什么就吃什么，十分贪吃，由于吃得太多，最后被撑死了。

（2）教师引导幼儿思考神秘的兽面纹为什么装饰在这样的青铜器上？

教师：这些神秘的兽面饕餮纹，装饰在青铜鼎上，起到震慑的效果。除了用在日常生活器具上，这种恐怖的饕餮纹兽面纹还被铭刻在国家祭祀用的大鼎上，被称为“九鼎”。饕餮曾作为威慑九州的神兽，象征国家的中心权力。

（3）教师引导幼儿重点将注意力放在不同器物上的“饕餮纹”上，观察这些纹饰的特点。教师播放幻灯片，仔细讲解“饕餮纹”的构成与特点（见图 6-23）。

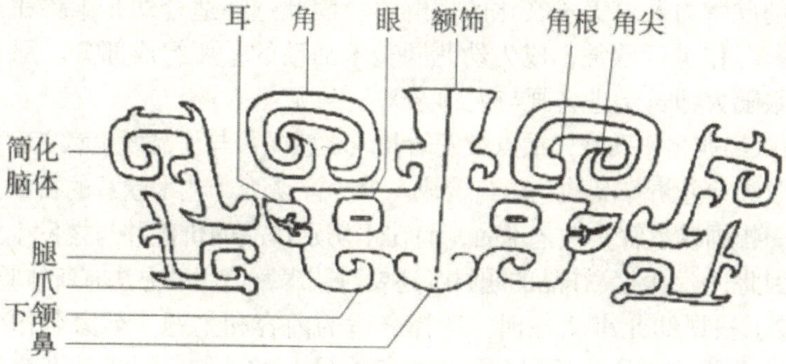

图 6-23　饕餮纹饰构成

3．自由创作

（1）教师发放材料：彩色卡纸、素描纸、马克笔。

（2）教师引导幼儿想象，创作一只贪吃的小怪兽。

（3）教师引导幼儿用马克笔画出怪兽的面部纹样，以鼻子为中线，重点引导幼儿做到对称式纹样设计。

（4）幼儿与同伴交流，教师巡回指导。

（六）作品展示

将所有小朋友的作品进行展示和点评。

（七）活动延伸

在介绍不同青铜器的用途后，以藏品《青铜饕餮鼎》中的“饕餮兽面纹”为重点，由教师引导幼儿发挥想象，设计“贪吃的小怪兽”作品。以此为经验，教师可以进行拓展活动，比如结合万圣节，在幼儿园举办假面舞会，利用饕餮兽面纹设计拓展课程“饕餮兽面纹面具”，让幼儿戴在头上进行表演。

第四节　跟随大师，欣赏不同的艺术风格

幼儿不仅要经常去博物馆或美术馆近距离欣赏实物，还要欣赏古今中外艺术大师的名画。这些久经时间的洗礼而被视作经典的作品，是对幼儿进行审美教育与提升幼儿美感的重要途径。幼儿的美术活动，首要任务是激发幼儿的眼睛对某主题视觉图像的体验、提升感知水平、提高对不同风格作品的欣赏力及对美术文化的理解力。因此选择适合幼儿年龄和审美心理的名家名作进行欣赏，成为幼儿园美术活动的重要组成部分。那么怎样让幼儿跟随大师，走进名画与大师亲密接触呢？

（1）经典名作欣赏，重点激发幼儿内心感受，与作品发生意义的关联，而不是单纯地分析作品的色彩与构成。尹少淳认为，艺术欣赏的目的并不是要分析一幅画或了解一件艺术品，而在于辨别作品的价值并与之发生意义的关系，因此，必须注意作品的题材，还要对艺术家使用的方法有所体验。

（2）根据幼儿审美心理，选择合适的内容和主题。名家名作多如繁星，教师必须站在幼儿的视角，选择符合幼儿的认知、贴近幼儿生活体验的作品。外国经典作品、古典写实油画就不太适合幼儿赏析。因为学前幼儿正处于涂鸦期和图式期，过早地接触写实作品会让幼儿产生“我不会画”的心理压力。教师要以“童趣”的眼光选择能激发幼儿想象力、拓展幼儿表现空间的抽象绘画、超现实绘画，或者行动绘画、波普艺术等具有

艺术感染力和亲和力的佳作。

（3）根据幼儿的年龄特点，设计不同阶段的欣赏目标。儿童早期的审美欣赏，尽可能从简单明了而基础的东西开始。小班开设名作欣赏课的时候，要以渗透体验式，引导幼儿凭直觉和经验作画，选择的内容要符合幼儿涂鸦期的作画特点。中班幼儿处于从涂鸦期过渡到象征期，喜欢运用简单的线条和圆形表示事物，教师设计此时期的美术活动时应选择简单的艺术元素、点、线、形、色彩等抽象艺术作品，主要目的是拉近中班幼儿与大师的距离，引导幼儿欣赏并喜欢名作中色彩，能通过简单的图形进行审美想象、养成集中注意力观察的习惯，让幼儿学会“艺术地看”。

大班则训练幼儿跳出常规的思维模式，拓展幼儿的视知觉体验，让幼儿学会“不一样地观看”，将幼儿零散的欣赏经验、感受和创作进行整合，建构幼儿自己的知识体系和创作方法。具体活动设计见表6-4。

表6-4　名家名作欣赏活动计划表

活动主题	主题内容	游戏活动	目标	形式	区域活动
小班：线与色的涂鸦——小小行动艺术家	1.效法波洛克——快乐地涂涂画画	涂鸦游戏	让幼儿运用不同材料自由涂鸦，体验涂鸦的乐趣	涂鸦画	张贴艺术家的作品，设置小小画廊，让幼儿学会“自由地看”
	2.我的波点服装秀	比赛游戏	让幼儿尝试运用不同的涂鸦点设计服装	服装秀	
	3.认识吴冠中——好玩儿的吹墨滴洒画	泼墨涂鸦游戏	让幼儿运用水墨涂鸦，体验自由涂鸦的乐趣	吹墨画	
	4.爱玩游戏的线宝宝	线条游戏	让幼儿体验线的神奇变化	线描画	
中班：花儿朵朵开——我也是抽象大师	1.走进姬欧芙——我也画一朵抽象花	拓展活动	培养幼儿的观察能力	抽象画	采集花卉标本或图片，让幼儿学会“艺术地看”
	2.北宋《出水芙蓉图》赏析	拓展活动	引导幼儿感受不同的技法产生的效果	线描画	
	3.与凡·高相遇——好多旋涡转呀转	赏析活动	引导幼儿感受不同笔触产生的效果	水粉画	
	4.安迪沃霍尔版画花卉赏析	拓展活动	引导幼儿发现身边的材料功用	胶片画	

续表

大班： 熟悉的陌生——小小立体派	1.探究毕加索——奇怪的大脸	赏析活动	引导幼儿理解毕加索人物侧面脸的特征	拼贴画	大班幼儿对空间、场景有一定的理解，教师让幼儿跳出常规的空间模式，学会“不一样地看”
	2.漫画赏析——哈哈镜里的人	拓展活动	引导幼儿理解形状的变异	剪纸画	
	3.思考玛格利特——眼睛里的故事	赏析活动	引导幼儿观看周围的生活，画出眼中的故事	彩笔画	
	4.达利的梦幻世界	拓展活动	引导幼儿感知达利的作品的梦幻特点	想象画	

一、效法波洛克——快乐地涂涂画画（小班）

（一）设计意图

小班幼儿天性喜欢涂鸦和无拘束地作画，波洛克的作品看似偶然滴洒、随意涂抹，对幼儿有一种自然的亲和力。本次活动通过呈现大师波洛克的创作方式和演示作画过程，拉近幼儿与大师的距离，使幼儿产生“我也会画”的自信心。大师创作的激情和不拘一格的创作方式，对鼓励幼儿大胆探索、自由创新有很深的影响。本次活动通过让幼儿体验滴洒画的创作，让幼儿不再对颜料、色彩和画布产生畏惧，通过欣赏大师作品，开阔幼儿视野，提高创作兴趣，并在欣赏中发展其创造力与表达能力。

（二）活动目标

（1）认知目标：让幼儿欣赏画家波洛克的作品，感受画面丰富的表现技法。

（2）情感目标：激发幼儿对各种媒材的表现特征的兴趣和尝试涂抹的愉悦感。

（3）技能目标：引导幼儿尝试运用各种材料大胆滴、洒、涂抹等。

（三）活动准备

多媒体课件、波洛克的作品、敞开口的大小瓶子、玩具洒水壶、小皮球、红黄蓝绿紫等水粉颜料、画纸。

（四）活动重点

重点引导幼儿大胆运用不同材料，自由体验涂鸦的乐趣。

（五）活动过程

1．情境导入

（1）谈话导入——不用画笔也能画，吸引孩子的兴趣。

教师：小朋友们，今天老师带大家欣赏一幅幅神奇的画，这些画可以用好玩的材料，比如玩具小车、小瓶子等代替画笔。大家想不想知道是什么样的画呢？

（2）播放幻灯片，引导幼儿欣赏波洛克的作品，见图 6-24 ~ 图 6-26。

教师：美国有一位大画家，叫杰克逊·波洛克。他画了很多特别的画，让我们来看看。

（逐幅欣赏，帮助幼儿了解波洛克的创作风格。）

教师：你在画面中看到了什么呢？什么样的线条？

（乱乱的线条。）

教师：这幅画是什么颜色？

（红、黄、紫……）

教师：这些画除了有线条外，还有什么？

（大大小小的色块、大大小小的点。）

图 6-24 波洛克作品（一）

图 6-25 波洛克作品（二）

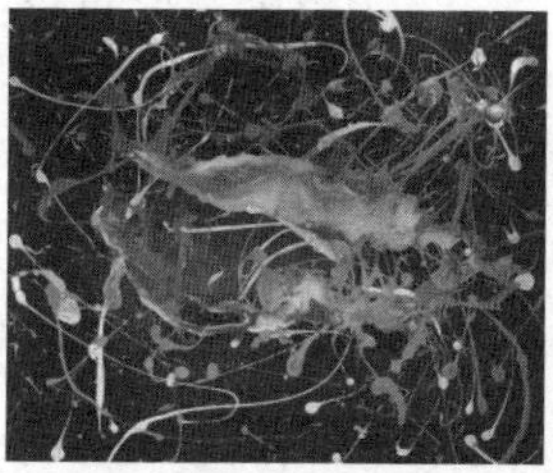

图 6-26 波洛克作品（三）

（3）通过欣赏，引导幼儿认知波洛克创作的滴洒画。

教师：这些画颜色丰富，有各种流淌的线条和色块，看上去像各种奇妙的东西，我们把它叫作“滴洒画”。

2．理解体验

（1）问题讨论：请小朋友们猜猜，画家是怎样创作这些作品的呢？他用的是什么工具？

师：这就是画家波洛克的创作过程（见图 6-27 和图 6-28），他正在一手提着有洞的水桶，一手拿着刷子，在大大的画布上又是滴又是洒。原来他在用滴洒的方式画画呢，有时候，他还把沙子、石头放在颜料里，一边走一边画，你们觉得好玩吗？

图 6-27 波洛克创作过程（一）

图 6-28 波洛克创作过程（二）

（2）教师模仿画家作画，示范表演。

教师：老师也来学一学，你们仔细观察哦。

（通过引导幼儿体验画家和老师的演示状态和创作过程，帮助幼儿建立自己的创作方式。）

3．自由创作

（1）教师发放材料，让幼儿自己选择。

（2）提出创作要求：今天老师给小朋友们准备了大大的画布，还准备了各种奇怪的材料，你们可以像大师一样，运用各种工具创作哦。

（3）鼓励幼儿放松，大胆尝试，体验自由涂抹的乐趣。

（4）教师巡回指导，提醒幼儿用完材料放到合适的地方。

（六）作品展示

将所有小朋友的作品进行展示和点评。

（七）活动延伸

幼儿在自由涂抹的过程中，越来越放得开，他们体验到涂鸦创作的乐趣。因此，教师可以将画纸换为画布，引导幼儿在画布上作画。比如，在白色的纯棉文化衫上，涂抹各种形状的“波点”。教师组织“波点时装秀”活动，让幼儿当一回小小的服装设计师，并让幼儿穿在身上展示。

二、走进姬欧芙——我也画一朵抽象花（中班）

（一）设计意图

姬欧芙的抽象花系列作品，注重表现花朵的局部细节，画面构图简洁，色彩单纯明亮，技法也不复杂，很适合幼儿欣赏。幼儿通过欣赏名家花卉作品，可以看到自己从前未注意到的细节。活动意图在于启发幼儿的视觉观察力，通过局部放大的花可以为拓展幼儿的观察经验提供新的可能。因此，在中班开展以“花儿朵朵开——我也是抽象大师”为主题的抽象绘画欣赏，容易激发幼儿的想象，让幼儿结合自己的生活经验加深认识，并引导幼儿多角度、近距离观赏。

（二）活动目标

（1）认知目标：让幼儿欣赏大师的花卉作品，理解花的造型。

（2）情感目标：激发幼儿对线条产生不同的联想。

（3）技能目标：通过水粉颜料的干湿变化，表现花朵的色彩层次。

（三）活动准备

多媒体课件、水粉颜料、调色盘、水粉笔、画纸。

（四）活动重点

重点引导幼儿近距离观察花朵的形态，让幼儿学会运用色彩自由表现对花的感受。

（五）活动过程

1. 情境导入

（1）游园活动，谈话导入。

教师：春天的脚步近了，各种美丽的花儿都开放了。小朋友们，到公园里或者花卉市场去看看，收集各种花卉标本，贴在区域活动墙上。

（2）播放幻灯片（姬欧芙 淡淡的鸢尾花见图 6-29，姬欧芙 木槿花与缅栀花图 6-30），引导幼儿欣赏。

教师：在美国，有一位女画家名叫乔治·姬欧芙，她画了很多花。请小朋友们欣赏，她笔下画的是什么花？有什么特点呢？

（画的是一朵浅浅的莺尾花，还有一朵木槿花和缅栀花。）

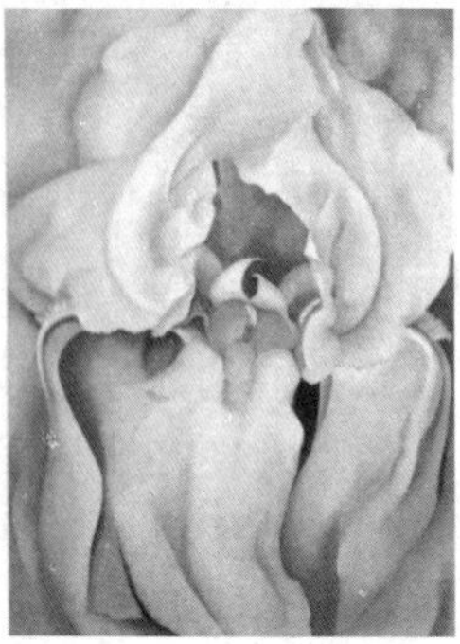

图 6-29　姬欧芙 淡淡的鸢尾花

图 6-30　姬欧芙 木槿花与缅栀花

教师：她笔下的花与你们在公园里看到的花有什么不同呢？

（公园里有很多种类的花，画家笔下画的只是一朵。）

教师：我们在花园里面可以看到许多的花，但是什么情况下我们的视野里面只有一朵花呢？

（近距离观察。）

（3）让幼儿体会近距离观察和远距离观察花朵的不同样子。

将镜头拉近或将镜头推远，让幼儿观察花朵的变化。

2. 理解体验

（1）游戏活动——让幼儿运用放大镜观察花园里的花朵，或者区域活动墙上的花卉标本，让幼儿说说观察感受。

教师：小朋友们都看到了什么？

（我看到花儿像大风车转啊转；我闻到了花香；我看到了花儿的花蕊。）

（2）教师引导幼儿近距离观察花，使花看起来非常大，像特写镜头一样，理解花朵的结构。（花瓣紧紧围绕花蕊，层层绽放。）

教师：小朋友，再观察一下，这两朵花是什么颜色？它们是用什么方法画出来的？

（淡淡的紫色、深粉色和浅黄色，它们是用渐变的方法画出来的，就是颜色由深到浅，慢慢地过渡。）

教师：画面上运用了什么样的线条表现花朵的轮廓呢？

3. 自由创作

（1）教师发放材料。

（2）请幼儿在纸上画出喜欢的花朵，一朵大大的花儿。

（六）作品展示

将所有小朋友的作品进行展示和点评。

（七）活动延伸

本次活动课程主要是让幼儿近距离观察花卉，了解花卉的结构，关注花朵的细节部分，同时理解花朵的渐变、明暗变化等。幼儿运用水粉颜料，体验颜料加白色后会变得越来越淡。为了进一步加深幼儿的认知和体验，引导幼儿欣赏北宋名画《出水芙蓉图》，画面上也呈现一朵荷花，细节部分画得很逼真，引导幼儿欣赏其魅力。

三、探究毕加索——奇怪的大脸（大班）

（一）设计意图

毕加索的立体主义是现代美术史上的一个重要的画派，它是指艺术家从不同角度来描绘对象，然后将其置于同一张画中，以此来表达对象更为完整丰富的形象。立体主义追求破碎、重建、组合形式。其画面创造的是一个二维平面空间，富有想象力，使幼儿更容易接受。“奇怪的大脸”是基于欣赏毕加索立体主义风格的作品而设计的课程，让幼儿能学会打破常规思维，对人物的侧面、正面等不同角度进行观察，以自己喜欢的方式重新组合，画出富有新意的脸部造型。

（二）活动目标

（1）认知目标：让幼儿欣赏毕加索的作品，理解人物侧面脸的特征。
（2）情感目标：激发幼儿对线条组合产生不同的联想。
（3）技能目标：能够大胆运用组合、拼贴等方式表现多视角结合抽象脸。

（三）活动准备

多媒体课件，毕加索的作品，红、黄、蓝水粉颜料，卡纸，废旧纸板

（四）活动重点

重点引导幼儿尝试拼拼、贴贴、画画的有趣组合。

（五）活动过程

1. 情境导入

（1）欣赏毕加索的立体主义风格人物作品（见图 6-31 和图 6-32），通过提问的方式导入课题。

教师：小朋友们，你们看看，图片上画的是什么呀？

（好像是人哦，不过有点儿奇怪。）

教师：看了这幅画，你有什么感觉呢？

图 6-31　毕加索作品（一）

图 6-32　毕加索作品（二）

（2）引导幼儿自己观察毕加索的作品中人物面孔的特点。

教师：你为什么觉得这画有些奇怪呢？怪在哪里？

（颜色有点儿奇怪。）

教师：还有哪些比较奇怪呢？

幼儿：脸好奇怪，像个大怪兽。

（3）教师引导幼儿观察正面脸和侧面脸的特点。

2. 理解体验

（1）教师帮助幼儿理解人物侧面脸的造型。请两个小朋友表演，一个正面对着大家，一个侧面对着大家，引导幼儿观察他们的脸的特点。

教师：这两个小朋友表演的是正面脸和侧面脸，分别有什么特点呢？

（正面脸能看到两只眼睛，侧面脸看到一只眼睛，鼻子轮廓线很明显。）

（2）教师讲述毕加索人物画的特点，引导幼儿观察正面脸和侧面脸叠加后的效果。

教师：你觉得这两幅画中，哪儿是正面脸，哪儿是侧面脸呢？你们想象一下，不同方位的脸放在一起会是什么样子呢？

（3）用材料拼摆组合，感知正面脸和侧面脸的组合方式。

教师：我这里有材料，有五官的造型，请你们选一些来拼拼吧，看看有什么神奇的效果。

教师先选择拼好的作品（见图 6-33 和图 6-34），引导幼儿感知组合的神奇。

图 6-33　奇怪的脸（一）

图 6-34　奇怪的脸（二）

教师：正面脸和侧面脸重叠，怎么拼出正面的眼睛和侧面的眼睛呢？

（先摆放两张不同方向的脸，然后添加眼睛。）

3. 自由创作

（1）教师发放材料。

（2）引导幼儿按照次序拼贴和画画。先将剪好的正面脸和侧面脸贴在黑色的卡纸上，然后在合适的位置上粘贴上五官。

（3）幼儿创作，教师巡回指导。

（六）作品展示

将所有小朋友的作品进行展示和点评。

（七）活动延伸

教师引导幼儿欣赏立体主义风格的《奇怪的大脸》，让幼儿用不同寻常的视角去观察和表现人物脸部，激发幼儿极大的兴趣。在此基础上，教师可以引导幼儿继续深入探索——借助哈哈镜的极度夸张和变形，让幼儿体验镜子里的自己，激发幼儿创作的欲望。

参 考 文 献

[1] 黄安立，张磊. 主题下的幼儿综合创意美术活动设计与指导[M]. 上海：上海教育出版社，2019.

[2] 郑娇娇，李引萍. 学前儿童创意美术活动设计[M]. 北京：清华大学出版社，2019.

[3] 夏征农，陈至立. 辞海[M]. 上海：上海辞书出版社，2010.

[4] 李季媚，冯晓霞. 3～6 岁儿童学习与发展指南解读[M]. 北京：人民教育出版，2012.

[5] 宗询. 幼儿园创意美术活动设计与指导[M]. 上海：华东师范大学出版社，2014.

[6] 文文鱼. 孩子的创意保卫战[M]. 重庆：重庆大学出版社，2014.

[7] 赵伟娜. 幼儿园创意美术教育活动中存在的问题、原因及改进建议[D]. 呼和浩特：内蒙古师范大学，2020.

[8] 陈志坚. 高职院校专业教学资源库建设探析[J]. 晋城职业技术学院学报，2017（3）：30-33.

[9] 吴晓玲. 武夷文化传承中的幼儿创意美术[J]. 课程教育研究，2019，35：220.

[10] 庄婉瑜. 幼儿园开展创意美术活动的策略[J]. 上海教育科研，2017（11）：98-91.

[11] 康成辉. 学前儿童美术教育的家庭促进策略[J]. 学前教育研究，2019（6）：81-84.

[12] 黄宇佳. 浅谈幼儿园创意美术环境创设与实施[J]. 课程教育研究，2019（11）：195.

[13] 周书生. 废旧材料在幼儿园创意美术活动中的应用研究[J]. 中国校外教育，2019（25）：150-151.

[14] 陈娟. 回归天性的儿童自主发展园本探索[J]. 上海教育科研，2019（12）：98-91.

[15] 黄铁敏. 浅析创意美术在幼儿园课程游戏化中的应用策略[J]. 课程教育研究，2019（11）：195.

[16] 梅仲孙. 美育之真谛是审美情感的培育[J]. 上海教育科研，2019（8）：38-43.

[17] 刘晓东. 修造通往“伟大儿童”的道路[J]. 全球教育展望，2019（12）：86-101.

[18] 吴雪梅. 陶艺活动与幼儿科学品质的培养[J]. 学前教育研究，2019（9）：85-88.

[19] 马倩. 主题教育背景下幼儿园的创意美术活动初探[J]. 中国校外教育，2019（32）：157-158.

[20] 虞永平. 基本立场的回归与内在本质的高扬：改革开放 40 年我国学前教育观念的流变[J]. 学前教育研究，2019（1）：3-8.

[21] 许萍萍. 创意美术活动与幼儿创新能力培养探究[J]. 学前教育研究，2019（4）：23-24.

[22] 姚伟，刘艳滨. 杜威教育哲学视阈中的“以儿童为本”及其实践意蕴[J]. 河北师大学报，2019（1）：26-30.

[23] 李婕. 美术回归生活世界：评《美术教学法》[J]. 学前教育研究，2020（1）： 75.

[24] 陈素平. 让评价支持和促进学习：美国 STEM 项目学习评价的特点与启示[J]. 上海教育科研，2020（4）：18-22.

[25] 王元，王唯一，索长清. 幼儿园组织气氛类型及其与幼儿园教师情绪劳动的关系[J]. 上海教育科研，2020（2）：93-96.

[26] 雷鸣，李丽．彰显幼儿美术教育的实践性和主体性：评《幼儿美术教育》[J]．学前教育研究，2020（3）：91．

[27] 虞永平．幼儿园课程建设与教师专业成长[J]．中国教师，2020（1）：81-85．

[28] 陈乐乐．图画书留白中的儿童哲学隐喻探究[J]．长沙师范大学学报，2011（3）：48-51．

[29] 钱初熹．以创意为本的早期美术教育[J]．早期教育（美术版），2011（3）：2-3．

[30] 杨日飞．教育：引导幼儿表达自己的艺术[J]．上海教育科研，2011（7）：90-93．